Capitaine HENRI CHOPPIN

LAURÉAT DE L'ACADÉMIE FRANÇAISE

PATRIE ET GUERRE

« *Vare, legiones redde !* Rendez-nous nos légions,
« Rendez-nous la gloire de nos armes,
« Rendez-nous nos provinces. »

(Le duc D'AUDIFFRET-PASQUIER.
Assemblée nationale, mars 1872.)

BERGER-LEVRAULT, ÉDITEURS

PARIS | NANCY

Rue des Beaux-Arts, 5-7 | Rue des Glacis, 18

1915

PATRIE ET GUERRE

Capitaine Henri CHOPPIN

LAURÉAT DE L'ACADÉMIE FRANÇAISE

PATRIE ET GUERRE

« *Vare, legiones redde !* Rendez-nous nos légions,
« Rendez-nous la gloire de nos armes,
« Rendez-nous nos provinces. »

(Le duc d'Audiffret-Pasquier.
Assemblée nationale, mars 1872.)

BERGER-LEVRAULT, ÉDITEURS

PARIS — Rue des Beaux-Arts, 5-7
NANCY — Rue des Glacis, 18

1915

A LA MÉMOIRE

DU GRAND PATRIOTE DE FRANCE,

A ALBERT DE MUN

DONT LES ÉPAULETTES ONT BRILLÉ AU REFLET

DES ÉPÉES NUES

PRÉFACE

Au cours de sa campagne contre l'antimilitarisme, le comte de Mun a fait appel à tous ceux qui ont une connaissance pratique de l'armée; il leur demandait de l'aider à ausculter le pays, afin de préciser les causes de l'abaissement des caractères, de l'apathie qui faisaient oublier aux citoyens les sentiments d'estime, de reconnaissance dus aux hommes qu'une vie de dévouement, d'abnégation, a constitués gardiens naturels de l'honneur national, aux serviteurs par vocation de la Patrie.

Il n'était pas sans espérer que le jour était proche où un vent généreux chasserait les brouillards épais qui anémiaient la constitution militaire de la France. Aussi, n'avais-je pas oublié ce qu'il avait écrit quelques années auparavant : « C'est vers l'armée, consolation suprême et suprême espérance, que tout Français doit prendre le point de direction. Là, tout le monde peut se rassem-

bler, tout le monde le doit. Je crois que tout le monde le veut. »

Je me suis empressé de répondre à son appel en lui adressant, en communication, cette étude, commencée depuis longtemps.

Quelques semaines après, je recevais la lettre suivante, qui est la marque la plus flatteuse dont un auteur puisse s'honorer, venant d'un homme politique dont tous les partis ont salué la tombe, que l'on regardera toujours comme l'apôtre de la réconciliation nationale et qui n'a pas eu la joie d'assister aux triomphes de l'armée pour laquelle il avait un véritable culte.

CHAMBRE
DES DÉPUTÉS

—

Paris, 27 février 1914.

Cher Monsieur,

Les occupations dont je suis surchargé ne m'ont permis, à mon grand regret, que de parcourir les pages que vous avez bien voulu me communiquer. C'est trop peu pour le plaisir et le profit que j'aurais trouvé à les lire attentivement; c'est assez pour que je sois pénétré de leur haute valeur, de leur généreuse inspiration et de leur profonde vérité. Je fais des vœux pour le plein succès de votre livre et je vous prie de croire à mes sentiments les plus dévoués.

A. DE MUN.

N'est-ce pas là le passeport le plus précieux, le plus efficace, pour faire pénétrer dans le cœur et l'esprit des idées conformes à celles du grand écrivain, dont je viens d'invoquer l'autorité? Il a contribué à faire prendre corps au sursum corda *pour permettre au coq gaulois de chanter le réveil au milieu d'une resplendissante aurore, en attendant que l'épigraphe de ce livre devienne une réalité aux pieds des statues de Kléber et de Fabert, où nos musiques attaqueront la* Marseillaise, *comme avant 1870, aux applaudissements enthousiastes des populations rendues à leur patrie.*

Décembre 1914.

Capitaine H. CHOPPIN.

INTRODUCTION

Au siècle de Périclès, les disciples de Platon se pressaient dans le jardin d'Academius pour entendre les paroles du maître, sur les lèvres de qui les abeilles de l'Hymette avaient déposé leur miel le jour de sa naissance. Au siècle de la Renaissance, les jardins de Cosmos Rucellaï donnaient asile aux jeunes patriotes qui venaient y recueillir, dans la conversation de Machiavel, les fruits de ses méditations et de son expérience sur la meilleure manière de réformer la République de Florence.

De nos jours, l'école philosophique des péripatéticiens est remisée depuis des siècles au musée des antiquailles, où l'on a même beaucoup de peine à en trouver des traces. Aussi, est-on fort embarrassé pour diriger ses pas vers un lieu où l'on a quelques chances de trouver un auditoire vraiment français, d'y goûter un plaisir national.

Si la faim fait sortir le loup du bois, la gloire militaire et l'amour de la patrie m'ont fortement engagé à quitter le mur derrière lequel je m'étais retiré pour juger les événements sans y prendre part. Et voilà comment j'en suis arrivé à l'*ambulat in horto* pour me rendre compte du bouleversement que les iconoclastes du passé, les cardinaux et docteurs de la doctrine nouvelle ont opéré dans la mentalité des masses par la promesse que les temps étaient proches où l'on pourrait prendre la lune avec les dents, sans oublier le reste.

Ce sont les observations, recueillies dans cette promenade, que j'ai notées, que je livre, aujourd'hui, au public.

Envahi par la lassitude, c'est avec bonheur que je me retrouve sur un autre terrain, où l'on respire à pleins poumons un air véritablement français. L'armée reprend la place qu'elle n'aurait jamais dû quitter. La confiance renaît et le patriotisme ne craint plus de s'affirmer hautement. Le tas de fumier entretenu, soigné, peigné pour l'usage que l'on sait, n'est plus que cendres, et le drapeau est salué par tous.

Avec quelle joie je parcours la campagne où la vue s'étend vers l'horizon derrière lequel il me semble entrevoir la réalisation d'un rêve caressé depuis plus de quarante ans. Je rencontre des soldats, dont l'âme est trempée aux sources de la discipline, du devoir, fortifiée par l'esprit d'abnégation. Les cadres et la troupe, complètement étrangers aux tribulations de la politique, marchent allégrement sans se soucier des obstacles qu'ils trouveront sur leur chemin, qu'ils sauront surmonter, au prix de leur vie, pour le bon renom de la mère patrie. L'esprit s'égare vers le mirage des grandes guerres et je crois entendre encore les échos lointains du canon de Sébastopol, d'Italie, je me remémore les récits des batailles et combats auxquels j'ai assisté; je les sais par cœur, comme cette magnifique page, qui brillait au frontispice de l'Ordonnance du 2 novembre 1833, que l'on a déchirée comme contraire au dogme de la nouvelle Église.

Quand je lis le compte rendu des exploits journaliers du corps de débarquement au Maroc, là où l'on n'a pas oublié la vieille maxime des anciens: « Noblesse oblige », ma pensée se reporte avec confiance sur les éventualités de l'avenir. Je dis alors, avec M. Émile Faguet, répondant au regretté général Langlois le jour de sa réception à l'Académie Française : « N'oublions jamais que l'espérance est une belle vertu; non pas cette espérance molle et rêveuse, qui est un divin sommeil de l'âme, mais l'espérance qui est une forme de la foi, et, par conséquent, une forme de la volonté. »

Après avoir mis son épée au service de la France, commandé à de braves gens et connu l'esprit de la troupe pour avoir manié effectivement la pâte militaire, y avoir trouvé le charme des qualités professionnelles avec leurs chaudes aspirations,

M. Albert de Mun a entrepris, avec sa grande éloquence et sa plume brillante, une campagne pour résister à l'assaut livré à la religion, à l'armée, aux traditions glorieuses, à la France contemporaine. Toujours sur la brèche, là où il croit sa présence utile, il a affronté le danger pour le salut social, menacé par le mal du siècle.

En lisant ses articles *Pour la Patrie* et *L'Heure Décisive* qui, du premier au dernier, respirent la finesse française, la délicatesse de sentiments, la science de l'homme et des hommes, et, par-dessus tout, le patriotisme le plus élevé, on relève la tête, porte les regards vers le respect, l'honneur, le courage pour se fortifier contre la désespérance.

Lors de la dernière investiture du chef de l'État, il a écrit : « Le drapeau est menacé ! nul n'en doute. La France est debout prête au sacrifice, non pas résignée à l'humiliation. Elle veut que demain, quand sonnera l'heure, son armée soit puissante, non seulement par les armes, par son labeur et sa force technique, mais par sa discipline, sa confiance envers ses chefs et sa force morale. Elle veut, derrière ses étendards, voir tous ses fils unis dans une même pensée, rassemblés dans un seul amour et que, dès aujourd'hui, pour former cet infrangible faisceau, l'abolition des haines fratricides rapproche leur cœur et joigne leurs mains. »

Il a parlé au nom d'une foule de Français qui, émus d'inquiétude et d'espoir, attendent le lendemain.

Tout le monde applaudit cette invocation à la concorde, à ce rêve qui se réalisera lorsqu'on ne laissera pas au hasard des conflits personnels, des fluctuations des partis, le choix des hommes qui dirigent la défense et la diplomatie. Le mot de M. Paul Deschanel est malheureusement toujours d'actualité : « Étrange pays, où la folie nous pousse en haut, où la réputation de la folie nous y maintient, où l'on provoque, d'abord, par les cris, l'enthousiasme des violents, où l'on gagne, ensuite, par son repentir, l'applaudissement des sages. »

Lorsque l'on n'aura pour souci que l'intérêt général, on pourra assister au réveil si impatiemment attendu. On prouvera que l'on a fini par comprendre la nécessité de cette faculté politique du citoyen, qui consiste à savoir nettement ce qu'on veut et à nourrir en soi-même des volontés longues et persévérantes.

La Muse de l'Histoire apparaîtra alors, non comme la froide effigie, drapée sur son sarcophage, mais comme une statue animée, vivante, descendue du socle de l'Arc de Triomphe.

La France n'est-elle pas la terre du dévouement, de l'honneur, le pays, selon l'expression de René Bazin, « des résurrections »? Après les jours de deuil, de misère, de fiévreuses angoisses, arrivera le réveil éclatant salué par les fanfares guerrières.

Lamartine a dit que « les cendres des morts créaient la Patrie ». Donnons donc un souvenir à ceux qui sont tombés au champ d'honneur. C'est un heureux stimulant de courage et de dévouement; il entretient la force, rajeunit le génie, fait le citoyen fort, respecter les nations.

Après le patriotique pacte de Bordeaux qui fut, pour le pays, une trêve des partis, la représentation nationale, sortie des élections faites sous l'œil de l'ennemi, se montra à hauteur de sa tâche. On ne saurait mieux dire quelle fut son œuvre que ne l'a fait M. A. Ribot, à l'Académie Française, en prenant possession du fauteuil laissé vacant par la mort de M. le duc d'Audiffret-Pasquier :

« On est plus équitable pour elle, à mesure que le recul permet de mieux la juger. Ces hommes, que l'Empire avait tenus, pour la plupart, éloignés des affaires publiques, se sont trouvés tout à coup en présence d'une tâche effrayante. Il fallait conclure la paix au prix des plus durs sacrifices, réprimer une terrible insurrection, libérer le territoire, créer de nouvelles ressources, refaire l'armée, rendre au pays confiance dans sa fortune. Remercions-les d'avoir aimé la France comme elle veut être aimée dans son malheur, soyons-leur reconnaissants d'avoir été des patriotes avant d'être des hommes de parti.

« Les deux années qui se sont écoulées de 1871 à 1873 ont été une des périodes les plus belles de notre histoire. L'Assemblée n'a rien refusé à M. Thiers pour l'accomplissement de sa tâche. Ce qui fut plus merveilleux encore que le génie de M. Thiers, fut la rapidité du relèvement de la France blessée. Quelques mois après les désastres de la guerre, elle respirait, reprenait confiance, commençait à exciter les craintes chez ses ennemis de la veille. Admirable ressort de notre pays ! Que de fois a-t-il paru près de l'abîme ! Que de fois n'a-t-il pas trompé les prévisions les plus sinistres ! L'Histoire n'oubliera pas les grandes discussions, qui ont fait l'honneur de la tribune française, ni surtout la dignité, la sincérité, les passions nobles dont tous les partis ont donné l'exemple. Ce régime des assemblées qui s'abaissent misérablement quand les caractères eux-mêmes s'abaissent, est une incomparable école de vertus civiques, lorsque, dans les grandes crises de la vie nationale, il élève les cœurs, oblige les partis à se discipliner, à cacher leurs convoitises, à dissimuler les misères de la politique et qu'il fait apparaître, au-dessus de toutes les divisions, l'image de la patrie ! »

Dans l'éloge qu'il fait de son prédécesseur, le nouvel académicien rappelle le discours prononcé par le duc d'Audiffret-Pasquier, s'efforçant de démontrer que, en 1870, la France avait été trompée et que, si nous n'avions pas été mieux préparés à la guerre, la faute en était moins aux hommes qu'au système de notre administration.

« L'effet de ce discours fut prodigieux. Au témoignage de ceux qui l'ont entendu, jamais assemblée n'a fait parcille ovation à un orateur. Les députés debout applaudissaient sans fin, au milieu d'une émotion qui s'exaltait et allait sans cesse en croissant. Les regards cherchaient à son banc l'ancien ministre d'État de l'Empire. Il n'assistait pas à la séance, mais il ne voulut pas rester sous le coup de cette philippique. Dans un discours habile et mesuré, il entreprit de prouver que l'Administration de la Guerre ne méritait pas les reproches qu'on lui adressait. Il revendiqua pour les anciens ministres toute la responsabilité ! « Ah ! « vous voulez, s'écria le duc Pasquier, que « les responsabilités soient mises à part. Ne « vous plaignez pas. Tout à l'heure, je les « porterai aussi haut qu'il faut les porter. » Il les porta si haut que tout le monde eut un frisson, lorsque, dans une invocation ardente, il en vint à s'écrier : « *Vare, legio- « nes redde !* Rendez-nous nos légions, ren- « dez-nous la gloire de nos armes, rendez- « nous nos provinces ! » Ce cri, qui nous émeut encore aujourd'hui, retentissait jusqu'au fond du cœur d'une assemblée toute meurtrie des désastres du pays. Il la soulevait dans un transport de colère, d'enthousiasme et de patriotisme, dont la sincérité donna à toute cette scène un caractère de grandeur tragique. »

Montesquieu, qui avait un goût prononcé

pour les anciens, disait qu'il fallait toujours réfléchir sur la *Politique* d'Aristote et les *Deux Républiques* de Platon. Ce serait faire preuve de pédantisme que de s'aventurer dans une étude aussi lointaine en vue d'y chercher de salutaires leçons au profit du présent et de l'avenir. Aussi ai-je préféré m'arrêter sur les bords de la Seine.

Les jours succèdent aux jours, la vie s'écoule, une génération passe et l'expérience d'hier est perdue pour le lendemain. Mais, quelques minutes de réflexion suffisent pour démontrer que si la France a vu son existence politique subordonnée aux luttes des partis, cela tient à des causes multiples, dont les effets ne disparaîtront que lorsque la guerre aura décidé si la nation, après les éclairs et la tempête, sera appelée à revoir le ciel pur et radieux où sa gloire, sa sécurité brilleront, à nouveau, dans tout leur éclat. L'armée seule peut travailler à cette résurrection, avec des soldats, toujours disposés à mourir en héros, le fusil à la main, ne perdant jamais de vue le point de direction donné par leurs officiers en qui ils ont pleine et entière confiance.

Et voilà pourquoi l'on dira avec Alfred de Musset :

> De la Patrie en deuil le malheur me poursuit
> . . . .
> Je sens d'un dieu vengeur
> La force et la colère
> Descendre dans mon cœur,
> En guerre !

C'est avec les vifs souvenirs de Balaclava et de Sébastopol, de Magenta et de Solférino, de Mars-la-Tour et de Saint-Privat, que j'ai écrit *Patrie et Guerre*. J'y proclame, comme Albert Sorel lorsqu'il mettait le point final à l'*Histoire de l'Europe et de la Révolution*, l'admiration que j'ai pour le génie de la France, la pitié pour ses infortunes, la fierté de ses triomphes, la foi inébranlable dans sa destinée. Si l'on y trouve l'écho d'un regret donné au passé, c'est parce que c'est en pensant aux illusions du présent, aux émotions que réserve l'avenir, que j'ai été amené à en parler.

On se prépare au réveil. Mais, il faut qu'en sortant du beau rêve que l'on a fait, l'esprit ne soit enserré que par une seule angoisse, celle de ne pouvoir, tout en marchant sur les traces de glorieux ancêtres, continuer leur collaboration à l'œuvre de la grandeur de la patrie, dont ils ont été les ouvriers ardents et valeureux. Que chacun marche en avant, ayant pour guide l'étoile dont la riche couleur est celle du sang versé par le soldat.

Par son énergie et sa persévérance, son courage et ses sacrifices, l'armée redonnera à la France tout l'éclat de la gloire, qui a été momentanément obscurci.

Le S. P. Q. R. au temps de la grandeur de Rome, comme l'inscription légère et fine attachée au labarum de Constantin, la couleur de la cape de Saint-Martin, les fleurs de lys de la Monarchie, la lance de la Révolution, l'aigle de l'Empire, le coq du Gouvernement de Juillet, ont tous la même signification : PATRIE.

Aussi, je dirai avec Guizot : « La France

est la Patrie de l'espérance », mais à la condition qu'elle ne perde pas de temps pour dessécher les mares stagnantes et croupissantes, dont les émanations l'infectent au point de mettre son existence en péril.

Le passé garantit de l'avenir. Comme aux beaux jours, la cocarde sera replacée cavalièrement à la coiffure, récompense insigne des sentiments de confiance quand même, que rien n'a pu altérer.

Le souvenir des épopées élèvera les cœurs et le patriotisme fera le reste !

Et, maintenant,

Que Dieu protège la France.

I

LA PATRIE

Arrivez donc, lumières de la Patrie ! A votre aspect, le peuple sourit comme au retour du bel avril ; le jour est plus charmant, le soleil en est tout charmé.....

Hé ! Muse, oublieuse de ton badinage, oses-tu bien toucher à la lyre des élégies nationales !

(Horace, *Odes.*)

LA PATRIE

La distance qui sépare les temps présents des régimes que l'on ne cesse de condamner, les préjugés tendant à diviser la masse nationale en classes mutuellement hostiles, n'obscurciront jamais l'idée de patrie, dont les racines sont aussi profondes dans la conscience que dans l'histoire de tous les peuples.

Les annales de la France sont fertiles en exemples de patriotisme, que l'on ne doit pas confondre avec des actes où, au nom de la patrie, les ennemis du bien public engageaient, comme aujourd'hui, les citoyens à méconnaître les droits les plus légitimes, les plus sacrés. Je ne fais allusion qu'au vrai patriotisme, à celui qui soutient, quand même, l'enthousiasme et le dévouement de l'homme de bien, du soldat animé de l'esprit d'abnégation, de sacrifice allant jusqu'au mépris de la mort.

Depuis Clovis, l'unité de la France s'est faite à force de fatigues, de combats, de sang versé. Les traités de paix ont ratifié les succès des armes, l'agrandissement du territoire et la fixation de ses limites. Cette politique a été remarquablement définie par Aug. Thierry dans son *Histoire du Tiers État*. L'écrivain prouve, avec des preuves indiscutées à l'appui, que nos archives renferment quantité de nobles sujets de réflexion et d'études sur cette question. Il serait téméraire de vouloir reprendre une thèse, présentée avec autant de talent que de science.

Il est facile de faire revivre les époques les plus distinctes, les points de vue les plus saillants du développement de l'idée de patrie chez les peuples qui, depuis la société gallo-romaine, ont contribué à la grandeur de la France, à l'établissement de ses coutumes, pour former la chaîne des traditions nationales. Ce n'est vraiment qu'après Bouvines que les Franks ont pris le nom de Français; aux douzième et treizième siècles, les chevaliers mettaient leur orgueil à mourir *pour la douce France*, pour *la terre natale dans son étendue*.

Au quinzième siècle, Jeanne d'Arc apparaît, incarne le patriotisme dans ce qu'il a de plus généreux, de plus grand, de plus puissant. Sa flamme, ardente et pure, est entretenue au foyer radieux de tous les sacrifices.

Tout est à lire dans le sixième volume de l'*Histoire de France* de Michelet. L'enthousiasme de l'écrivain pour la paysanne de Domremy a indiqué la mission de celle que le peuple considérera toujours comme l'ange du patriotisme. Aussi ferai-je appel à l'autorité de l'historien philosophe pour donner un aperçu rapide de la situation de la France, pendant cette période de la guerre de Cent ans.

« Pour comprendre, dit-il, le terrible événement que nous allons raconter, — non la captivité du Roi, mais du royaume même, la France prisonnière, — il y a un fait essentiel qu'il ne faut pas perdre de vue.

« En France, les deux autorités, l'Église et l'État, étaient divisées entre elles, et chacune d'elles en soi.

« En Angleterre, l'État et l'Église *établie* étaient parvenus, sous la maison de Lancastre, à la plus complète union.

« Édouard III avait eu l'Église contre lui, et, malgré ses victoires, avait échoué; Henri V eut l'Église pour lui et réussit : il devint roi de France.

« Cette cause n'était pas la seule, mais c'est la principale et la moins remarquée. »

Dans le récit mouvementé qu'il fait de la bataille d'Azincourt, l'auteur dit qu'au moment avant d'engager l'action, « les Français de tous les partis se jetèrent dans les bras les uns des autres et se pardonnèrent; ils rompirent le pain ensemble. De ce moment, la haine se changea en amour ».

Les chefs des deux partis n'avaient pas assisté à l'action. « Les deux corbeaux vinrent s'abattre sur le champ de bataille et jouir des morts. » Le pays est ruiné par les exactions des d'Armagnacs et des Bourguignons. Paris appelle l'étranger, et le roi d'Angleterre s'établit dans « sa bonne forteresse du Louvre » (1420); la France eut bientôt deux rois, Charles VII et Henri V.

L'apparition de l'*Imitation de Jésus-Christ*, ce livre qui enseigne, sans bruit de paroles, sans confusion de sentiments, sans faste d'ambition, sans combats d'arguments, la passion du peuple, reproduite dans la Pucelle, entraîne l'héroïsme de la résistance nationale, pour aboutir à la rédemption de la France.

« Qu'on ne s'étonne pas, écrit Michelet, si le peuple apparut en une femme, si, de la patience et des douces vertus, une femme passa aux vertus viriles, à celle de la guerre, si la sainte se fit soldat. Elle a dit, elle-même, le secret de cette transformation, c'est un secret de femme : la pitié qu'il y avait au royaume de France.

« La vierge secourable des batailles, que les chevaliers appelaient, attendaient d'en haut, elle fut ici-bas..... En qui? C'est la merveille.

Dans ce qu'on méprisait, dans ce qui semblait le plus humble, dans une enfant, dans une simple fille de campagne, du pauvre peuple de France. Cette dernière figure du passé fut aussi la première du temps qui commençait. En elle apparurent, à la fois, la Vierge..... et déjà la Patrie. »

Dans la préface de la *Vie de Jeanne d'Arc*, Anatole France montre que, si le mot de patrie n'existait pas au temps de la Pucelle, les hommes n'en sentaient pas moins au cœur l'amour du sol natal, la haine de l'étranger. « Si la guerre de Cent ans ne créa pas, en France, l'esprit national, elle le nourrit. Par Jeanne d'Arc et par son exemple, l'amour de la commune patrie, la volonté de s'unir tous et de tout souffrir pour la sauver remonte des derniers rangs populaires dans les hautes classes de la nation. »

Qu'on se rappelle cette belle page du duc d'Aumale sur la révolte du grand Condé, sur les devoirs aux époques de troubles : « Et, lorsqu'aux heures obscures, les regards inquiets cherchent un phare dans l'ombre, quand les courages s'égarent, s'effacent, écoutons les voix désolées qui, après cent ans de guerre, oubliaient Bourgogne et d'Armagnac pour se rallier au cri de : « Vive la France ! »

La mort de Jeanne d'Arc fut le réveil, la rédemption de la France.

« La sainte fille, dit Théophile Lavallée dans son *Histoire des Français*, avait révélé au peuple ce qu'il était; elle avait allumé en lui le feu sacré; elle lui avait appris à souffrir, à se dévouer, à mourir pour la patrie! C'est la renommée la plus touchante et la plus pure de l'histoire! C'est la France elle-même, la France incarnée! Et, si les témoignages de cette merveilleuse histoire n'existaient pas, rassemblés par les mains de ses bourreaux, on pourrait croire que Jeanne d'Arc n'est que l'idéal politique de la France, de la France intelligente et enthousiaste, héroïque et sensée, dévouée et martyre comme elle. Épopée de quinze mois, que l'on ne peut raconter sans être saisi de l'enthousiasme du siècle qui a vu cette noble apparition, sans se prosterner devant cet ange, sans se soulever d'indignation contre ces seigneurs qui la trahirent, ce roi qui l'abandonna, et ce pouvoir spirituel, si dégradé, qui ne sut pas élever des autels à la martyre de la patrie et mettre, au rang des saints, la patronne de la France. »

Si, dans une œuvre burlesque et immorale, Voltaire a cherché à la déshonorer, il lui a rendu, dans ses livres sérieux, un éclatant hommage. « Cette héroïne fit à ses juges une réponse digne d'une mémoire éternelle... Ils firent mourir par le feu celle qui, pour avoir sauvé son roi, *aurait eu des autels* dans les temps héroïques où les hommes en élevaient à leurs libérateurs. »

Sa mort, sa mort seule, n'aurait-elle pas dû mettre sa mémoire à l'abri de toute injure, de toute suspicion? Il n'en a rien été. Aussi, comprend-on Maurice Barrès, lorsqu'il dit que, « dans une société empestée », on aime mieux « vivre avec les anges » qu'avec des Français qui, par les mêmes pratiques que celles en usage au temps de la guerre de Cent ans, renient les glorieuses traditions de l'histoire pour jeter le doute dans les esprits et, toujours à l'affût d'une proie, insultent de leur boue les serviteurs les plus dévoués de la Patrie, ceux dont le nom est inscrit aux plus belles pages de nos annales nationales.

Je crois avoir lu tous les ouvrages principaux qui ont paru sur Jeanne d'Arc. Si, jusqu'à présent, je n'ai pas fait allusion à celui de M. Hanoteaux, chef-d'œuvre historique et de littérature, où il y a un art, une morale, une politique dans la conception des choses, c'est que j'ai hésité, longtemps, avant d'en faire des extraits qui, vu leur importance, ne pouvaient guère supporter une sélection. Qu'on lise cette étude, d'où l'on voit jaillir à flots une clarté surabondante, le propre de l'auteur dans ses résumés énergiques, d'un amas énorme de science historique. On peut dire de *Jeanne d'Arc* ce que H. Taine disait de l'éloquence de Macaulay à propos de son *Histoire de Jacques II :* « C'est un discours prononcé d'une haleine, sans que la voix ait jamais faibli. » Depuis le quinzième siècle, on a beaucoup écrit sur l'héroïne, mais on n'a rien découvert en morale qui atteigne à la hauteur et à la vérité de la doctrine du grand écrivain que je viens de citer.

En laissant courir la plume, je suis obsédé par un souvenir de jeunesse. Au lycée de Rouen, lors des concours de récitation, on laissait souvent aux élèves le choix d'un morceau. Il arrivait que presque toute la classe avait choisi, dans les *Messéniennes* de Casimir Delavigne, les deux passages sur la vie et la mort de Jeanne d'Arc. Cette poésie était sue de tout le monde comme le *Pater*. L'âge n'a affaibli en rien l'enthousiasme d'antan, et, sans avoir recours au livre, je peux encore les dire d'un bout à l'autre. Avec quelle émotion on déclamait cette strophe :

Lâches ! que lui reprochez-vous?
D'un courage inspiré la brûlante énergie,
L'amour du nom français, le mépris du danger,
Voilà sa magie et ses charmes;
En faut-il d'autres que des armes
Pour combattre, pour vaincre et punir l'étranger ?

Il est vrai que le professeur s'appelait Chéruel.

Depuis la magnifique œuvre de la princesse Marie, les places publiques ont des statues, dues aux maîtres du ciseau, où, chaque année, de pieux et patriotiques pèlerinages complètent l'apothéose de la guerrière, dont l'oriflamme est un signe de ralliement. Les élégies de Maurice Barrès sur l'enfance de la bergère sont faites pour charmer, comme les envolées cavalières d'un soldat sans peur et sans reproche honorent encore, si la chose était nécessaire, la mémoire

De celle qui sauva le trône et la patrie
Et n'obtint qu'un tombeau pour fruit de ses exploits.

Les voix articulées de Jeanne d'Arc ont encore, et auront toujours, un écho dans le cœur de la France. Quels mots trouver pour exprimer cette vérité?

A une époque où l'actualité fait oublier les ouvriers immortels de notre puissance, de notre unité, pour s'intéresser aux théories stériles et creuses, mettre en honneur une doctrine dominée par les idées et non par les armes, il est bon de faire connaître quelles ramifications l'enthousiasme pour Jeanne d'Arc a dans le cœur des patriotes véritablement dignes de ce nom.

Comme j'aime à rester, le plus longtemps possible, sur le terrain où l'on jouit des charmes de la tradition, des leçons de l'histoire, ferai-je appel au témoignage du glorieux soldat, que ses nombreuses blessures comme ses nombreuses actions d'éclat désignent comme un juge impartial dans cette question qui, en ces derniers temps, a été, elle aussi, toute d'actualité.

La fougue passionnée du général Geslin de Bourgogne pour son héroïne, pour la cavalière et la guerrière qu'a été la Pucelle, l'emportait jusqu'aux éclats de la colère.

Lors des manifestations, qui se produisirent à propos de la béatification, il écrivait, le 23 avril 1909 : « Je suis peiné de ce que vous me dites de Paris à propos de la béatification de Jeanne d'Arc. Je ne m'étonne pas que le Gouvernement ait fait jeter aux ordures les fleurs offertes par les patriotes à la sainte héroïne, comme Bedford et Cauchon firent jeter dans la Seine les cendres de la jeune martyre. Mais, ce qui me surprend, c'est que la Ville-Lumière ne se soit pas spontanément couverte d'oriflammes, de drapeaux, d'étendards, le jour de son triomphe. Ici, nous avons tous pavoisé et illuminé et la bannière aux fleurs de lys d'or flottait partout, encadrée du drapeau tricolore. Aussi *n'avons-nous pu retenir nos larmes* quand nous avons appris le geste du

Saint-Père Pie X saisissant, au passage, le drapeau de la France et le bénissant de ses lèvres consacrées, en un ardent baiser. Quelle espérance pour tous ceux qui aiment encore la Patrie et donneraient volontiers leur sang pour restaurer son honneur et sa gloire ! »

Du 16 mai : « Je crois que les Parisiens, amis de Jeanne d'Arc, prennent leur revanche de l'oubli dans lequel ils s'étaient endormis le 18 avril. Dieu en soit loué !! Il est à souhaiter que l'étendard de la Bienheureuse guerrière flottera encore. Le *Magister equitum* (1) a peut-être raison quand il croit qu'un grand vent chassera la cendre et que la braise du patriotisme reparaîtra pour le salut de la France. Oui, le sang des martyrs est une semence féconde. C'est par le sang que se revivifient les peuples. La trique solide, qui chassera les marchands du temple, n'est-elle pas déjà entre les mains du peuple révolté ? A quand le sabre et le canon ? »

Du 20 mai : « Vous voyez que j'avais raison d'espérer. Vos étendards, vos oriflammes flottent au vent. Votre vieux cœur de soldat bat de joie et d'admiration. O héroïque Pucelle ! la vaillante ! l'indomptable ! la martyre ! Comme je l'admire et comme je l'aime ! J'en suis fou !

---

(1) Général de Galliffet.

Vous aussi. Tant mieux. Aimez-la, priez-la. Prions-la, aimons-la. Si elle nous donnait sa flamme..... Quand même ce serait celle du bûcher. Quelle immortelle destinée! Nous partagerons peut-être un jour la sienne. C'est l'espoir de demain. »

L'amour de la Patrie devient plus grand en faisant un appel à la gloire immaculée de l'*ange*, en prenant le contact, si l'on peut s'exprimer ainsi, avec la mémoire de celui que l'on croit voir dans les tempêtes équestres de l'avenir, où il aurait tenu la place des Murat, Bessières, Lasalle, Montbrun, Pajol, qui s'est endormi dans l'implacable sérénité de la vie future, invoquant toujours la sainte pour protéger la Patrie.

Le règne de Charles VII fut marqué par la création d'une *armée permanente* pour faire cesser les pillages et les cruautés des gens de guerre. C'était une véritable révolution, qui permettait d'entrer dans une voie féconde de l'avenir et portait un coup violent à la féodalité, en délivrant la royauté des appels faits à la noblesse. Elle trouva l'appui de la nation, qui vit renaître, comme par enchantement, l'ordre, la population, le commerce, l'agriculture, la prospérité. La bataille de Formigny releva l'honneur de l'armée française, tant de fois vaincue, avant l'ordonnance des États d'Orléans, en batailles rangées. Sous ce règne, la guerre a été poursuivie avec toutes les forces de l'instinct patriotique, la paix établie avec toutes les lumières de l'instinct national.

Louis XI ne trouve devant lui homme qui osât lever la tête contre lui et le contredire. Il travaille à l'unité de la nation et du pouvoir. La mort de Charles le Téméraire fait disparaître les luttes féodales et intestines : elles seront bientôt remplacées par une lutte étrangère et nationale, qui aura pour théâtre presque tous les pays de l'Europe. Elle commencera par les guerres des Français en Italie, cessera pendant la tourmente religieuse du seizième siècle, sera en pleine vigueur sous Richelieu et Louis XIV, les deux hommes qui continuent directement l'œuvre d'unification de Louis XI.

Ce monarque a constamment sur pied une armée de 5.000 lances et de 20.000 fantassins, avec une belle artillerie. Pour la solde, il lève une taille de 4.700.000 livres. Grâce à elle, il réunit à la couronne la Picardie, l'Artois, les deux Bourgognes, le Roussillon, la Provence, l'Anjou.

Pendant le règne de Charles VIII, une réaction se fait contre la politique de Louis XI, mais échoue. Les idées s'étaient développées, l'intelligence de la nation avait grandi et l'armée, dont on avait réclamé l'abolition aux États de Tours, continue à marcher, à combattre, contribue pour une large part à renforcer le pouvoir royal. Plus de 60.000 hommes et 35.000 à 40.000 chevaux passent les Apennins. Par l'amour de la gloire et de la guerre, tous les nobles, si turbulents et si redoutables sous le règne précédent, se rallient autour du trône.

Son successeur rétablit la discipline des troupes soldées et mérite le titre de Bien-Aimé, quoiqu'il ait jeté la France dans des entreprises inutiles et désastreuses.

Sous François Ier, les nobles dépensent l'autorité, qu'ils avaient trop gaspillée en turbulence, en héroïsme dans les batailles et combats que la France livrait pour se faire une place digne d'elle parmi les États de l'Europe. Ils se formèrent à la discipline de la guerre d'une façon plus sérieuse, plus assidue que jamais, à cette grande école des *armées permanentes* et *régulières*, où se fortifient le patriotisme, l'esprit d'ordre, le respect pour d'autres mérites que ceux de la naissance et de la plume.

Apparition de Martin Luther, qui jette au peuple, à propos de la vente des Indulgences, des mœurs de la cour de Rome, un cri de révolte et de liberté, proclamant la doctrine du *libre examen* où la *raison* détrônait la *foi*. L'idéalisme et le sensualisme prennent le nom de catholicisme et de protestantisme. La Réforme est proclamée; c'est le fait prédominant du seizième siècle. Les conséquences de son progrès auront un retentissement considérable dans les esprits pour ouvrir bientôt l'ère des guerres de religion par suite des menées du calvinisme, qui se propage et s'organise dans les provinces.

Ce siècle a pris rang, dans l'histoire, à côté de ceux de Périclès et d'Auguste, a vu les efforts tentés pour préparer les temps où l'on prononcera la parole unique, enthousiaste, la seule susceptible de faire battre les cœurs : la Patrie.

Il commence avec les gaies inventions et les joyeuses fantaisies de Rabelais, avec le mouvement artistique de la Renaissance, finit au milieu des troubles des guerres civiles et religieuses, écoulant tristement ses dernières années dans l'anarchie et l'oppression. C'est alors que paraît une œuvre collective de patriotisme : la *Satire Ménippée*. On ne peut mieux définir son caractère que ne l'a fait Ch. Marcilly dans la préface de ce pamphlet essentiellement français :

« L'horreur de l'injustice, le respect des institutions du pays, des anciennes mœurs et des traditions nationales; la haine de l'étranger cherchant à établir son influence sur la direction des affaires intérieures de la France; le mépris pour le despotisme des masses; l'impatience et la fatigue que causent l'instabilité et la faiblesse d'un gouvernement de hasard; mais, surtout, le dégoût pour cette foule d'ambitieux, grands et petits, de gens tarés, sans conscience, sans autre mobile que l'intérêt personnel, qui surgissent de partout aux époques de troubles; enfin, la raison, le bon sens, rassemblèrent tout à coup, au moment le plus critique, cinq hommes de professions diverses, presque inconnus les uns des autres, et originaires de provinces éloignées. L'amour de la justice et du droit, le sentiment de l'honneur de la France, la compassion pour les misères, et cette certitude de juger et de peser sainement les choses pour le bien et l'intérêt de tous, qui n'appartient qu'aux esprits justes et détachés de toute ambition personnelle, leur inspirèrent un pamphlet, œuvre de raison et de bonne politique, en même temps que chef-d'œuvre d'esprit, d'éloquence et d'ironie. »

La *Satire Ménippée* a déversé l'odieux et le ridicule sur les chefs de la Ligue, sur leurs alliés de l'étranger. Elle permit à la France de se ressaisir, de voir son véritable intérêt.

Le nom de ses auteurs doit être rappelé, toutes les fois qu'on en trouve l'occasion : Jean

Passerat, Pierre Pithou, Nicolas Rapin, Jacques Gillot, Florentin Chrestien, sans oublier Pierre Leroy, chez qui l'on se réunissait et qui eut le mérite de fournir l'idée première de pamphlet. Ces *grands hommes de bien* étaient enflammés outre mesure, a dit de Thou, du désir de conservation de la patrie, dont l'idée était alors inséparable de celle de la royauté. Les profondes études de ces patriotes leur avaient prouvé qu'une nation ne peut rester grande et subsister que sous une direction unique et que les révolutions ne cherchent à détruire l'ordre existant que pour le remplacer au profit d'ambitieux souvent envoyés par l'étranger. Leur appel au bon sens et au patriotisme a été entendu.

Le sentiment de patrie existait donc bien avant la Révolution, qui lui a ajouté celui de l'unité nationale et l'intégrité du territoire. Vingt-huit ans de guerre, avec l'alternative fatale des succès et des revers, affermirent nos pères dans l'amour de la patrie et la haine de l'étranger.

II

A propos du *Journal de Madame de Marigny en 1814*, sœur aînée de Chateaubriand, Henry Houssaye a parfaitement démontré, en parlant de l'émigration, la similitude de sentiments qui existait, sous la monarchie, entre la royauté et la patrie. « On a dit que la notion de patrie n'existait pas à cette époque, ou du moins que la patrie et le Roi se confondaient. Avant le sol français et la solidarité nationale, il y avait la Maison de France et la fidélité au Roi. Où était le Roi, là était la Patrie, là était le devoir. C'est un pur sophisme. Bien avant la Révolution, on distinguait entre la Patrie et le Roi. Cette distinction est indiquée dans ce vers de Ronsard :

« Servez votre pays et le roi votre maître. »

« Elle est précisée dans la noble devise de Colbert : *Pro rege sæpe, pro Patria semper.* Je reconnais que les soldats de Louis XV et de Louis XVI combattaient pour le Roi, comme d'ailleurs les soldats de Napoléon combattaient pour l'Empereur; mais dans le Roi, et aussi en dehors du Roi, ils voyaient la France. A Danzig, le comte de Plélo, blessé à mort au milieu de ses bataillons en fuite, s'écriait : « Où est « l'honneur de la France? » En mourant, Plélo pensait à la France elle-même, à la patrie immortelle, et non à cette représentation éphémère et contingente de la patrie, le Roi. »

Le vertige d'honneur, qui a poussé à émigrer la noblesse occupant des emplois et des grades dans l'armée, ne s'est sérieusement manifesté qu'en 1792. C'est alors qu'elle a préféré l'exil à un commandement devenu dérisoire devant les agissements d'une tourbe d'insurgés, grisés par les promesses des démagogues, enivrés par les libations faites avec l'argent dérobé aux caisses régimentaires.

Dans la chaleur communicative d'un banquet Hoche, un ministre, spécialement chargé d'assurer la défense nationale, a prononcé une catilinaire virulente contre la guerre. Il a cru trouver un effet oratoire en invoquant le spectre de l'armée des émigrés. Combien je préfère l'opinion d'un excellent homme, que j'ai connu, respecté. Le capitaine de vaisseau Gougeard, républicain de vieille date, ennemi de toutes les compromissions, le général de division de l'armée de la Loire, l'ami, le confident de Gambetta, se montrait moins sévère que le Caligula des mers. Dans la *Marine de Guerre*, publiée en 1877, il restreint, dans de justes limites, la portée des faits, sans les atténuer. A propos de Quiberon, il montre que le rôle des officiers de marine, qui avaient cru de leur honneur de quitter une patrie désolée par les excès, et conséquents avec leur manière d'envisager la Révolution française, étaient passés à l'étranger, n'est pas aussi important que l'esprit de parti s'est plu à le supposer et rappelle que l'idée de patrie était incarnée, alors, dans la personne du Roi. « La marine, dit-il, y perdit son élite et sa fleur, la France les plus braves de ses enfants. Elle pardonne à leur égarement; elle n'est pas consolée de leur perte, et c'est, à ce point de vue, mais seulement dans ce sens, que nous voulons interpréter la phrase écrite au frontispice du monument qui leur a été élevé : *Galliæ mœrens posuit.*

« Depuis lors, que de progrès accomplis dans la voie de l'apaisement et de la réconciliation ! Combien sont coupables ceux qui essaient de ranimer de si cruels souvenirs ! Hier, les descendants de ces mêmes hommes défendaient héroïquement le sol de la France envahie, et celui-là même qui écrit ces lignes et marchait à leur tête n'a eu besoin, pour obtenir le sacrifice de leur vie, que de le leur demander au nom de Dieu et de la Patrie. »

Le vaillant soldat, qui rendait hommage à la bravoure des compagnons d'armes de Suffren, de Guichen, de Lamotte-Piquet, de d'Orvilliers, de La Pérouse, se trompait quand il pensait que le temps avait accompli son œuvre d'apaisement. Aujourd'hui, dans un français refroidi, on entoure encore de phrases creuses la Saint-Barthélemy, les Dragonnades, l'Armée des Émigrés, etc., etc., fantômes pétrifiés qui n'ont plus aucune autorité dans le public, clichés retrouvés dans les vieilles armoires des marchands de curiosités, dont on se sert comme d'un épouvantail. On n'effraie pas une France vivante avec des cadavres enfouis depuis si longtemps. C'est vouloir braver la nation que de chercher à l'intéresser avec des histoires semblables.

Aux heures tragiques de la grande crise nationale, après les désastres accumulés de l'invasion et de la Commune, les angoisses et les douloureuses incertitudes de l'avenir, les bons Français se sont promis à eux-mêmes de travailler, chacun selon ses forces et ses moyens, au relèvement de la patrie. A cet engagement, H. Taine est resté stoïquement fidèle. Par patriotisme, il consacra les dernières années de sa vie au dur labeur des *Origines de la France contemporaine.*

A citer dans la *Correspondance*, ses *Impressions sur la Commune :*

« Les nouvelles deviennent de plus en plus tristes. Il y a des jours où j'ai l'âme comme une plaie; je ne savais pas qu'on tenait tant à sa patrie. Au 18 mai, l'Europe, après nous avoir raillés comme des écervelés débiles, pouvait nous plaindre à cause de la grandeur de nos maux; à présent, elle a le droit de nous mépriser; elle en use. Nul sentiment du droit, une vanité exaspérée, qui s'en prend aux chefs au lieu de s'en prendre à l'ennemi; Paris aussi fou et aussi vil qu'il a paru héroïque..... Il est dur de penser mal de sa patrie; il me semble qu'il s'agit pour moi d'un proche parent, presque d'un père, d'une mère, et qu'après l'avoir jugé incapable, je suis obligé de le trouver grotesque, odieux, bas, absolument incorrigible et destiné à la prison des malfaiteurs ou au cabanon des fous. »

Les *Origines* témoignent, à chaque page, l'ardeur du patriotisme de l'auteur, qui fait tout son possible pour essayer d'éclairer son pays sur les fautes qu'il avait commises et sur ses incertaines destinées. Ce livre est une longue et persuasive leçon de conservation sociale. Au nom de la conscience et de l'histoire, les creuses et dangereuses chimères de l'idéologie politique sont condamnées. Il y prêche le respect de la tradition, le culte pieux et réfléchi du passé, la soumission de l'individu aux disciplines établies, et dont une longue histoire a éprouvé la vivante solidité et montré la bienfaisante justesse.

Dans les *Derniers Essais de Critique et d'His-*

toire, cette belle protestation contre l'annexion :

« Nos adversaires se glorifient d'obéir à leur conscience; ce n'est donc point à eux de violenter la conscience d'autrui. Il ne s'agit point ici de point d'honneur chevaleresque ou militaire; il s'agit de devoir, et ce serait manquer au devoir que de leur abandonner, comme ils le demandent, deux provinces françaises, un million de citoyens; s'il y a des hommes qui, de cœur et de volonté, soient Français, ce sont les compatriotes de Kléber, de Rapp, de Kuss et d'Uhrich. Exiger qu'ils perdent leur patrie, qu'ils en subissent une autre, qu'ils entrent dans les régiments prussiens, pour tirer peut-être plus tard sur des Français, voilà une injustice énorme. Imposer à la France un tel sacrifice, c'est ordonner à une mère de livrer un de ses enfants; cela est contre la nature et la conscience; la bouche qui, sous la contrainte de la force, balbutierait un tel pacte, se rétracterait tout bas et se promettrait, à elle-même, comme la Prusse après Iéna, de ne pas couronner une promesse criminelle par une résignation plus criminelle encore. »

Dans *Coup d'œil sur les Devoirs et l'Esprit militaires*, le général A.-L. Blondel dit que l'on abuse tellement du mot *patriote*, que c'est un malheur du temps d'être amené à définir une telle expression :

« Amour de la patrie ! Voilà un mot qui retentit dans toutes les âmes; il émeut dès l'enfance nos jeunes imaginations; après avoir admiré au collège les grands hommes de l'antiquité, nous venons à nos grands hommes, à ceux qui nous ont transmis leur sang et leurs exemples, qui parlaient notre langue, qui grandissaient par leurs actions le nom de Français bien avant le temps où nous nous enorgueillissions de le porter. Quand vient l'âge de l'ambition, notre amour pour la France grandit de toute la hauteur de notre orgueil personnel. Mais ce n'est pas vaine gloire, ce sentiment sacré qu'elle nous inspire. Au récit des grands dévouements de toutes les époques, notre âme s'élève et s'échauffe, nous nous croyons plus forts, plus capables de bien quand nous rendons ce témoignage d'admiration à nos pères, et, dans le souvenir des hauts faits passés, nous trouvons nos plus nobles rêves d'avenir. L'amour de la patrie attaque toutes les fibres du cœur, car il renferme tous les amours, et s'il relève de toutes nos vanités, il est aussi la source respectable de nos plus purs désintéressements. C'est un beau mot à prendre pour devise, à faire flotter dans les plis de son drapeau; aussi, adopté par toutes les factions, il a été par elles profané tour à tour, souillé de sang et de fange, et la puissance en serait détruite si elle n'était indestructible.

« Assurément les hommes de l'antiquité que nous avons le plus admirés pour leur patriotisme, ne l'entendaient pas ainsi; il faut bien rappeler leurs exemples, puisqu'ils semblent oubliés. L'un se jette dans un gouffre pour qu'il se referme sur lui; les autres étouffent leurs affections pour établir, en combattant contre leurs voisins, la suprématie de Rome naissante; Brutus brise un cœur de père pour obéir aux lois du pays; Régulus se livre aux vengeances féroces des Carthaginois plutôt que de leur faire rendre les prisonniers que Rome retient; partout, sous le même mot, la même idée, le même sentiment. Lycurgue s'exile volontairement, Aristide se voue à l'ostracisme au lieu d'armer son parti; partout l'oubli de soi-même. C'est que l'amour de la patrie, comme tous les amours profonds, est un dévouement et non une exigence; il se nourrit de sacrifices et non de faveurs; les vrais amis de la patrie immolent à leur passion fortune, rang, existence : assez fiers du service qu'ils ont rendu pour oublier d'autres récompenses. C'est que l'amour de la patrie ne constitue pas, pour celui qui en est pénétré, un droit, mais un devoir. Il ne rend pas le pays tributaire des services, il lève un tribut de services au profit du pays; il n'établit pas le privilège de subordonner tous les intérêts à un intérêt particulier, mais il impose l'engagement de sacrifier au bien de tous son propre bien. »

Lors de sa réception à l'Académie Française, le 21 avril 1910, M. Marcel Prévost, dans l'éloge qu'il a fait de son prédécesseur Victorien Sardou, a donné la définition suivante de l'idée de patrie :

« Patrie !..... quel titre !..... quel mot !..... Peut-être le plus émouvant qui soit, plus émouvant encore que l'autre, sublime aussi, auquel il s'unit si bien pour dire plus tendrement la même chose : Mère Patrie !..... Mais décidément « Patrie » est le plus grand des deux : le sentiment qu'il évoque est le plus désintéressé; l'abnégation de l'individu s'y concentre davantage; il rappelle dans l'histoire quelque chose de surhumain, qui n'est pas contenu dans l'amour de l'enfant pour sa mère, si naturel..... si égoïste..... Ah ! peu nous importent, n'est-ce pas, les chicanes sur ce qu'un Rysoor ou un Karloo entendaient exactement par ce mot, et si leur idée se conforme plus ou moins à l'idée antique, à l'idée des volontaires de 92, à la nôtre..... L'idée de patrie, née à telle date, en tel pays ! Quel vain ergotage ! Comme si l'idée de patrie ne dominait pas l'histoire du monde, depuis les filles de Sion suspendant leurs luths aux saules de la rive étrangère, jusqu'à Winkelried, jusqu'au chevalier d'Assas, jusqu'aux humbles héros de la guerre marocaine..... Ame mystérieuse et unanime de nos foyers, de nos paysages, de notre passé et de notre sang, nous ne voulons pas chercher quelles réalités tangibles et mesurables la symbolisent au cours de l'histoire : Nous te saluons comme la personnification de ce qu'il y a de plus noble et de plus altruiste dans un groupe humain, — divinité qui, à certains moments, échauffe la foi et précipite dans l'héroïsme même les inertes et les lâches, ouragan d'énergie qui souffle sur les Thermopyles, sur Valmy, sur Reichshoffen : Patrie !!! »

Dans un discours, où il déclarait que le prolétariat conscient et organisé était foncièrement antimilitariste, M. Francis de Pressensé a dit de cruelles vérités. Le ministre lui a opposé une dédaigneuse fierté et M. Ribot a flétri d'une éloquente et haute risposte son attitude. M. de Mun y a relevé une expression qui lui a permis de donner cette belle définition du patriotisme :

« M. de Pressensé a terminé son discours en disant que le prolétariat ne voulait plus du *patriotisme professionnel*. Le mot veut être outrageant; je l'accepte, quant à moi, comme un titre d'honneur. Oui, il faut faire profession de patriotisme. « Profession, dit Littré, expression « publique d'un sentiment habituel. » Ainsi, le patriotisme jaillit du cœur comme le sang des veines, et s'échappe des lèvres en cris spontanés. Je demande qu'on réveille dans l'âme populaire ce patriotisme professionnel. C'est celui qui jette, sur le pas du régiment, l'escorte de la jeunesse, qui devant le drapeau met une larme aux yeux et découvre les fronts; c'est celui dont le souffle, l'autre jour, courait dans la salle du Gymnase, quand Marcel Habert parlait du soldat, du poète, que je voudrais, demain, appeler mon confrère, et quand sonnait, comme un clairon, la chanson des braves, héroïque et joyeuse :

En avant ! tant pis pour qui tombe !
La mort n'est rien ! Vive la tombe !
Quand le pays en sort vivant !
En avant !

Une des plus belles pages que l'on connaisse sur l'*Amour de la Patrie* est due à un Alsacien qui, en 1869, a publié, à Colmar, une brochure : *Pays et Patrie*, dans laquelle il est fait une distinction entre le facile et instinctif amour de l'un et la noble et grande passion qu'inspire l'autre :

« C'est ce dernier, sentiment sublime, qui fait

que le savant, le légiste, le magistrat, l'industriel, l'artiste, le négociant, le poète, contemplent toujours avec orgueil et bonheur l'influence que peut exercer leur œuvre sur le bien-être et la grandeur du pays auquel ils appartiennent. C'est lui qui produit tant de dévouement, tant de bravoure, tant d'héroïsme ! C'est lui qui amène Curtius au bord de l'abîme, fait sourire à la mort Léonidas et ses jeunes guerriers, et arme les faibles bras de Jeanne d'Arc et de Jeanne Hachette ! C'est à lui que nous devons le généreux appel de d'Assas, les glorieux sacrifices des jeunes Viala et Barra, encore enfants et déjà héros, l'indomptable valeur des volontaires de 92, la sublime catastrophe du *Vengeur* et les prodigieux efforts des soldats de Waterloo. Et c'est lui aussi qui guidait la main du jeune Bisson, embrasant les poudres qui allaient faire éclater son vaisseau et le lancer, lui-même, dans les airs en sanglants débris. Et, depuis, que de dévouements, que de grandeur, d'héroïsme inspirés par l'amour de la patrie à tous ces hommes, qui ont illustré les dernières pages de notre histoire, soit dans les jours de tempêtes populaires, soit sur les champs de bataille d'Afrique, de Crimée et d'Italie !

« A tous les grands exemples, donnés par l'amour de la patrie, il ne faut pas oublier celui des héros de Sidi-Brahim, qui voulurent périr, en vue de l'emblème qui leur représentait la France. Ils plantent au sommet du marabout, défendu par 80 hommes attaqués par 6.000 réguliers d'Abd-el-Kader, un chiffon tricolore, fait avec le mouchoir du capitaine de Géreaux, le mouchoir bleu du caporal Lavaissière, et la ceinture rouge du lieutenant Chapedelaine. »

Kœppelin a la dent cruelle pour les démolisseurs des poteaux de frontières :

« Il est quelques hommes assez oublieux ou assez ignorants de tout autre sentiment que celui de leur égoïsme, pour ternir le mot de patrie, et déclarer qu'ils adoptent toujours, sous ce nom, le pays où ils vivent le plus commodément : *Ubi bene, ibi Patria !* Tel est leur triste principe !

« Sont-ils donc, ces renégats des liens les plus naturels, détachés de tout souvenir de leur enfance, de toute affection pour les amis de leur adolescence, de tout respect pour l'histoire de leurs ancêtres, de tout devoir envers leurs concitoyens? Qu'ils errent sur la terre, à la recherche de leur bien-être, chargés de l'odieux oubli qu'ils proclament, et qui, partout, les privera de considération et de sympathie, parce que, partout, ils froisseront les sentiments les plus honnêtes et les plus naturels des hommes au milieu desquels ils voudront vivre.

« Quelle différence n'y a-t-il pas cependant encore entre ces hommes coupables seulement d'une lâche indifférence, et ceux qui s'abaissent jusqu'au crime de trahir leur patrie et de chercher à lui nuire ! Ceux-là sont suffisamment stigmatisés par leur seul nom de traîtres, et je ne veux pas attrister ces pages en y retraçant leurs fautes, leur abaissement, leurs misères, et le mépris insurmontable qu'ils inspirent ! »

On imitera le patriote alsacien. On ne fera aucune allusion aux scandales de toutes sortes qui, depuis l' « Affaire », ont permis d'établir le recensement de la cohorte, dont le personnel a réussi à nuire à la patrie par des agissements qui, couronnés de succès, ont fait déchoir la France au rang effacé où elle est tombée. L'histoire de ces années troublées sortirait du cadre que je me suis tracé; elle demande une plume autorisée pour montrer toute l'infamie qui s'attache aux événements, qui ont pour corollaires inévitables le gâchis dans lequel on se complaît et permet de dire, vu l'insouciance que l'on a de la situation, que l'on danse sur un volcan.

III

Pour arriver, s'il en est temps encore, à une régénération morale, il faut conserver précieusement le saint amour de la patrie; il est le souvenir dans le passé, le devoir dans le présent, l'espérance dans l'avenir. Dans les temps que l'on traverse, il doit animer les âmes de la foi la plus vive, des sentiments les plus énergiques, du dévouement le plus ardent, le plus absolu. Il est le devoir, l'indispensable devoir imposé à chaque citoyen, devoir auquel il n'est permis à personne de se soustraire, une passion qui doit embraser de ses feux les plus ardents le cœur de tout homme intelligent, honnête et bon, de tout homme qui ne veut pas se rendre indigne du nom de Français.

Et l'on dira, avec E. Renan, à la dernière page de *Marc-Aurèle* : « La patrie et la famille sont toutes deux nécessaires, mais elles ne sauraient suffire. Il faut maintenir, à côté d'elles, la place d'une institution, où l'on reçoive la nourriture de l'âme, la consolation, les conseils, où l'on organise la charité, où l'on trouve des maîtres spirituels, un directeur. Cela s'appelle l'Église, et le Christianisme reste le grand fleuve de l'humanité. »

Dans une organisation sociale et raisonnée, il doit exister pour chacun un principe d'où les devoirs se déduisent par une marche logique de l'esprit, qui mette d'accord l'enthousiasme et la raison. Pour le militaire, ce principe existe dans l'amour de la patrie, sentiment sans incertitude, parce qu'il ne dépend pas de la vertu d'un homme; sans variation, parce qu'il est raisonné; sentiment noble et pur, parce qu'il est désintéressé; sentiment intime et profond, car il suffit aux plus beaux dévouements. Ce sentiment militaire se résume en deux mots: discipline et courage. C'est l'abnégation de soi-même, le sacrifice constant du *moi* individuel à une sorte de *moi* collectif, qui se trouve être, selon la circonstance, l'escouade ou le corps d'armée. La discipline brise la volonté, contrarie les goûts, les intérêts, les désirs au profit de l'obéissance et de l'ordre; le courage fait un devoir de soutenir froidement l'aspect du danger, de le braver sans calcul, de se livrer à une mort certaine, s'il le faut, pour le salut commun, et sa foi de patriote exige qu'il croie ce sacrifice nécessaire toutes les fois qu'on le lui demande.

En Vendée, le 17 juin 1793, quand Kléber y commandait, l'armée républicaine combattait en se retirant, depuis le lever du soleil, devant un ennemi à qui la connaissance de ce pays couvert donnait un grand avantage. Arrivé vers le soir au pont bâti près de Clisson, sur la Sèvre, dont il voulait faire un abri pour sa retraite, le général républicain appelle un chef de bataillon et lui prescrit de défendre ce pont jusqu'à la dernière extrémité, en lui adressant ces rudes paroles : « Tu vas te faire tuer là avec ton bataillon. — Oui, mon général, répondit-il. » Il tint parole, perdit 200 hommes, fut tué sur place et l'armée était en sûreté. Il y a là plus de patriotisme que dans les plus pompeux discours.

Il ne faut pas oublier son nom : ce héros s'appelait Schouardin et commandait le bataillon des chasseurs de Saône-et-Loire.

Il y a des circonstances où l'on a vu des subalternes demander l'honneur d'un danger, soit par amitié pour les chefs, soit par esprit de corps.

Dans la guerre d'Espagne, en 1810, un jeune sous-lieutenant sorti de l'école, et placé depuis peu à la tête d'une section de grenadiers, conduisait ses hommes à l'attaque d'une redoute entamée par le canon. Il s'élance dans le fossé, où ses braves le suivent avec ardeur; il allait atteindre la crête à demi éboulée du parapet, quand il se sent tiré en arrière et se retourne, indigné qu'on l'ose arrêter dans son élan. Il se trouve face à face avec un de ces vieux soldats, au front bruni, au cœur de bronze, dont les cicatrices, les chevrons et la moustache grise imprimaient à de si jeunes chefs une sorte de respect. Le soldat, sans s'émouvoir de la colère de son officier, se place vivement devant lui en lui adressant ce peu de mots : « Bien, mon lieutenant, vous êtes un bon b.....; mais tirez-vous de là, ce n'est pas votre place. » Cet officier, devenu depuis brillant général, a bien souvent répété que, parmi les plus brillants succès de sa carrière militaire, aucun n'avait produit en lui une plus douce émotion que ce rude témoignage d'intérêt et d'estime.

Un autre exemple, pris dans ce que les novateurs du jour appelleraient *l'œuvre matérielle de la destruction :*

Au siège de Mahon, il se passa un fait digne de servir d'exemple. Dans la disposition d'une attaque, le général avait placé, sans intention peut-être, ou pour ménager des hommes précieux, quelques troupes avant les grenadiers; à la nouvelle de cet ordre, l'officier qui les commandait, jaloux de son poste d'honneur, va trouver le général et le supplie de vouloir bien pour un jour déroger à ses habitudes, en ne se plaçant pas le lendemain à la tête des mouvements qu'il vient d'ordonner. Surpris de cette prière, le général en demande le motif et presse l'officier de s'expliquer : « Mon général, répondit-il, c'est qu'en qualité de grenadiers, nous devons regarder comme ennemi tout ce qui est devant nous, et je serais désolé qu'il vous arrivât malheur. » Cette indirecte et fine représentation eut l'effet qu'on en attendait. L'ordre fut modifié, et les grenadiers retrouvèrent leur place.

L'intérêt du pays, de l'armée, a tout à gagner de ces actes, que l'on peut citer dans un livre de morale patriotique.

Dans un grand banquet qu'il a présidé à Toulon en 1911, M. G. Clemenceau a traité de la situation extérieure de la France et dit :

« L'armée, aujourd'hui, est nationale; le malentendu qui avait été créé jadis n'existe plus; la République peut avoir confiance en cette armée. »

Et il ajoute :

« Certes, le désarmement est un beau rêve, mais quand on voit qu'il n'entre nulle part dans la réalité, on est bien forcé de se rendre à l'évidence, et j'ai alors le regret de ne pas suivre les rhéteurs et leur rhétorique et de laisser là les esprits fiévreux, lorsque je vois, à la limite d'une terre qui fut autrefois française et qui l'était dans ma jeunesse, lorsque j'y vois, dis-je, accumuler des lignes serrées de baïonnettes, je ne puis songer à désarmer. Je me retourne plein de confiance vers notre armée, vers notre marine, vers le pays tout entier.

« Ah! certes, je ne suis pas d'avis de nous montrer intraitables en quoi que ce soit; mais je suis d'avis que nous ne devons pas laisser humilier notre patrie; nous ne voulons pas qu'on l'insulte! Et si on nous attaque, eh bien! nous nous défendrons. »

On a applaudi au langage du chef du Cabinet lorsque, avec son éloquence particulière, il a loué le courage de ceux qui signalent leurs erreurs. « Quand toute l'Europe s'épuise en armements formidables, notre première pensée, après la cruelle épreuve, qui ne peut être oubliée, doit être de maintenir la France dans son glorieux renom, dans sa haute dignité, puisqu'on ne respecte que les forts. Le peuple français doit être en état de défendre son sol, ses traditions, son histoire, sa langue, sa pensée, qui ne pourraient subir d'atteinte sans une diminution de l'humanité. La patrie est sacrée; qui essaie de discuter là-dessus, pour composer hypocritement avec les antipatriotes, n'a plus place parmi nous. »

Les poussées de manifestations patriotiques,

dans les discours, non dans les actes, les acclamations tardives en l'honneur de l'armée, amènent à donner la différence qui existe entre l'esprit guerrier et l'esprit militaire. Elle a été clairement indiquée par le général A.-L. Blondel : « Celui-là fait des peuples belliqueux, celui-ci des armées puissantes par l'ordre et la discipline. Ils sont, l'un une vertu acquise, l'autre une qualité acquise. L'un est dans le sang, l'autre est dans les mains. Seul, le premier peut donner des succès brillants, mais que le moindre événement compromet ou anéantit. Seul, le second peut donner un éclat passager à des peuples sans énergie naturelle, mais cette puissance meurt avec les grands hommes qui l'avaient créée. Pour atteindre et conserver le premier rang parmi les nations, il faut l'un et l'autre, le peuple belliqueux et le grand capitaine, la France et Napoléon. »

Dans ses *Études sur le Combat*, le colonel Ardant du Picq a donné d'admirables leçons de réveil national. Il dit : « Le Français est intelligent, adroit et instruit. Il est naturellement brave. Le ressort est bon, il ne s'agit que de le tremper. Il faut reconnaître que, à l'époque actuelle, la tâche n'est pas aisée. L'augmentation du bien-être, les théories internationales, qui s'appuient sur cette défaillance, préférant à la lutte l'esclavage économique au profit de l'étranger, n'incitent pas à donner sa vie pour sauver celle de ses frères.

« C'est donc au développement des forces morales de la nation qu'il faut travailler. Seules, elle soutiendront, plus tard, le soldat dans l'angoissante épreuve de la bataille où la mort vient de l'invisible.

« Les nations y trouveront la preuve que, en préparant la jeunesse à ses devoirs de soldat et en exaltant le cœur de tous jusqu'à la volonté du sacrifice, elles sont certaines de vivre libres, mais seulement à ce prix. »

Que dit le général A.-L. Blondel, que l'on ne saurait trop consulter? Voici comment il termine le chapitre *Soldat :*

« Pendant la paix, c'est l'esprit civil qui déborde de la nation dans l'armée. Puisse le souvenir de nos malheurs, dont les lois nouvelles portent l'empreinte, transformer sous ce rapport le caractère national, arrêter la contagion de l'égoïsme et de l'amour du bien-être, nous rendre des caractères virils, fermes dans le devoir, préparés aux sacrifices, remettre l'honneur à sa vraie place, non dans l'éclat des richesses, mais dans la conscience et le cœur, et, en nous faisant passer tous sous l'habit militaire, nous apprendre à l'honorer dans ceux qui le portent et à défendre sa simplicité contre les railleries des inutiles et des élégants. »

Ces vérités, ces leçons de patriotisme sur l'éducation morale du soldat ne sont pas plus écoutées que les avertissements donnés avant la guerre, alors qu'une sorte d'indigestion de lauriers troublait les esprits de la nation au point de l'entretenir dans une douce quiétude, que les préparatifs bruyants de la guerre, chez les voisins d'au delà du Rhin, ne troublaient pas. Aujourd'hui, la propagation des doctrines nationalistes et militaires fait hausser les épaules à une catégorie de citoyens qui, grisés par l'élixir de la paix à tout prix, mettent leur pédantisme à saper les bases d'un enseignement, seul capable de faire des défenseurs de la patrie avec des jeunes gens arrivant au corps vaccinés avec une éducation morale leur indiquant leurs devoirs comme soldats, au lieu de celle qui les berce dans la revendication de leurs droits en vue d'arriver à la félicité terrestre.

IV

Dans un compte rendu du *Journal de captivité* d'un officier de l'armée du Rhin, la *Revue Militaire Générale*, créée par le regretté général

Langlois, aujourd'hui savamment dirigée par le général de Lacroix, il est dit : « On a souvent attribué au maître d'école allemand une large part dans nos défaites de 1870. C'est bien plus vrai qu'on ne le croit. Ce maître d'école a, pendant cinquante ans, sans trêve, rappelé aux petits Allemands l'humiliation d'Iéna; il leur a montré l'Allemagne sous la botte de Napoléon. Ce maître d'école, se faisant l'auxiliaire de la vaste société secrète, le Tugend-Bund, fondée par le professeur Arndt, secondé par des ministres et des généraux, apprit aux jeunes Allemands ces poèmes enflammés, la *Patrie de l'Allemand*, la *Chanson de l'Épée*, le *Rhin allemand*, que, soldats, ils chantèrent dans nos villes en 1870. »

En 1808, 1809, lorsque les Français occupaient Berlin, le philosophe Fichte ne craignait pas de dire : « Si vous prenez des résolutions viriles, vous verrez s'ouvrir devant vous un avenir plein de dignité, et le peuple allemand rendra son nom le plus glorieux de tous et régénérera le monde. Mes discours ont pour but de fonder le vrai patriotisme, tout-puissant par sa conception de notre nationalité immortelle. »

Dans les casernes, pourtant, on travaillait à la régénération de l'armée, par l'application de méthodes pratiques, les seules capables d'affermir la foi dans le succès, pendant que Stein, Scharnhorst et autres hommes d'État faisaient prévaloir, dans l'ordre politique, surtout dans l'ordre administratif et militaire, leurs grandes vues de réformation et de progrès.

Aussi, le général Trochu a-t-il pu écrire dans l'*Armée française en 1879* : « Quand, après nos désastres de 1812 (campagne de Russie) et la défection d'York, la Prusse se prépare pour les luttes de 1813, 1814, 1815, l'armée de 42.000 hommes se transforme, sans aucun effort, en une armée de 150.000 hommes, suffisamment dressés, bien pourvus, dont l'action très régulière devient, comme on sait, décisive vers la fin de ce grand drame militaire, à Waterloo ! Ainsi, la stipulation limitative de 1808 qui, dans les desseins de Napoléon, achevait l'abaissement de la Prusse, devait être, dans les desseins de la Providence, l'origine du rétablissement de la fortune prussienne et l'une des causes les plus effectives de la ruine, en 1814 et 1815, surtout en 1870, de la fortune napoléonienne et française...

« Jamais, je pense, dans l'histoire des vicissitudes des nations, on ne vit plus manifestement que l'adversité, dont la leçon est comprise, prépare leur salut, que la prospérité, qui les éblouit jusqu'à l'aveuglement, les perd. »

Que constate-t-on depuis la guerre?

Dans son discours de réception à l'Académie Française, M. Donnay cita un fait caractéristique. Une jeune femme à qui, évoquant les souvenirs de la guerre, on montrait les ruines du château de Saint-Cloud, demande : Quelle guerre?

S'il faut s'en rapporter à un document officiel, cette Parisienne n'est pas la seule à ignorer la lutte dans laquelle la France s'est engagée en 1870, dont elle est sortie meurtrie. Il y a quelques années, à propos des examens de l'École normale supérieure, les inspecteurs généraux constatent dans leurs rapports « que les faits de guerre étaient complètement ignorés ». La réaction contre l'histoire-batailles a été poussée à un tel degré que tel candidat ne savait rien de la dernière guerre.

Comment pourrait-il en être autrement? A la Sorbonne, on discute, on ergote pour savoir si le patriotisme est un sentiment raisonnable et s'il résiste à l'épreuve des forts. Un professeur a été jusqu'à dire que toutes les considérations, par quoi se justifie le sentiment de patrie, sont des « généralités sonores, des superstitions, des doctrines d'artistes et de littérateurs », pour conclure que « les patriotes ne comptent plus, ce sont des sentimentaux, et il n'y a aucune raison de mettre, en France, l'internationalisme sous le boisseau ». Bref, toute l'enquête de cet universitaire socialisant vise à montrer que « la conscience peut sacrifier la patrie à l'idée ».

Un autre professeur de l'enseignement supérieur affirme que « les progrès du socialisme sont tels qu'on ne peut plus enseigner le respect de la loi, ni l'obligation de s'abstenir des violences, ni le respect des contrats, ni le respect du suffrage universel, ni la soumission à la volonté générale, ni l'*amour de la patrie*, ni le respect de l'armée, ni le devoir militaire, comme choses auxquelles pas un père de famille, présent à la classe et écoutant le maître, ne pourrait de bonne foi refuser son assentiment ». Et comment s'étonner que de pareilles doctrines donnent les résultats que l'on sait au point de vue de la négation de l'idée de patrie, ce qui entraîne forcément l'indifférence, pour ne pas se servir d'une expression plus forte, que l'on montre, à tous les degrés de l'enseignement, pour les traditions nationales et ayant, naturellement, une répercussion sur les élèves.

Aussi n'est-on pas surpris de voir des instituteurs se dire antipatriotes, comme si ces deux mots ne juraient pas d'être accouplés. Une statistique récente a prouvé que quantité de jeunes soldats, qui avaient passé plusieurs années à l'école communale, n'avaient jamais entendu parler de Sedan, de Reichshoffen, de Gravelotte, de Metz.

Aussi, Paul et Victor Margueritte, les fils du héros tombé glorieusement à Sedan, sont-ils dans le vrai quand ils écrivent dans l'avant-propos de leur *Histoire de la Guerre de 1870* : « Une des plus pernicieuses maladies qui puissent ronger un peuple, c'est l'oubli, surtout l'oubli des mauvais jours. Si la France de Napoléon III fut battue, c'est, peut-être, qu'elle ne se souvenait pas de ses victoires. Qui fit, au contraire, l'unité de l'Allemagne, sinon le souvenir d'Iéna, au cœur blessé de la Prusse? Trop d'adolescents, chez nous, ignorent, parce que trop de parents ont oublié, presque tous, la rude secousse de l'avertissement sanglant de 1870-1871.

« C'est un fait. Cette histoire, qui nous touche de si près, cette histoire pour laquelle nos pères sont morts sur les champs de bataille de Sedan et de Metz, dans les boues de la Loire ou les neiges de l'Est, cette histoire aux dures leçons, on la sait mal, on ne la sait plus. »

Oui, l'Allemagne est devenue grande par la guerre et elle a été victorieuse parce que, à l'école comme dans les familles, on a placé sous les yeux des enfants le tableau de l'humiliation du pays après Iéna.

Il n'y a ni relèvement, ni de grands jours à espérer aussi longtemps que chaque Français ne sentira pas comme une brûlure au cœur rien qu'à la pensée des hontes de la dernière guerre, dont la nation entière porte le lourd fardeau de la responsabilité.

L'utilité de la guerre a été reconnue de tous les temps, résistant à toutes les attaques dont elle a été l'objet, depuis Tertullien jusqu'aux évêques et prédicateurs qui, au Moyen Age, faisaient un appel énergique à l'émancipation des peuples, campagne reprise et poursuivie de nos jours dans un dévergondage d'utopies sur les beautés de l'internationalisme, langage relevé par la phraséologie sur les droits sacrés de l'humanité.

Le bruit retentissant de ces déclamations est entretenu par des rhéteurs, des rêveurs, une bande d'égoïstes, une tourbe d'intrigants, d'êtres dégénérés, qui demandent l'abolition des frontières comme ils le feraient pour la suppression d'un impôt. Tout ce monde se ligue contre l'armée pour en atrophier successivement les organes afin d'arriver au désarmement. On encourage les insultes à ses chefs les plus respectés pour flatter la démagogie qui hait les supériorités naturelles comme les supériorités sociales. Pour se couvrir, l'œuvre emprunte le manteau de la liberté et, à la faveur de ce travestissement, exerce sa cruauté avec plus de violence. Le respect des lois, l'accomplissement des devoirs envers la patrie n'ont plus prise sur ces appréciateurs patentés du mérite militaire, qui, pour la plupart, ont élevé la délation à la hauteur d'une vertu civique, y trouvant un marchepied sérieux pour satisfaire grassement leur ambition, leurs appétits.

Le patriotisme semble s'endormir sur le duvet des prospérités industrielles et commerciales, sous la couverture de scandales que l'on ne compte plus. Une longue paix, nourrie du bien-être matériel, suffit au peuple pour distraire son attention de l'honneur de la France, le retient dans une apathie où le cœur se rouille avec l'épée. Il semble ignorer qu'une nation, dans laquelle des factions multiples se disputent la direction politique, ne peut avoir une bonne armée qu'à la condition de la soustraire aux fluctuations d'intrigues auxquelles elle doit rester étrangère. Chez celles où règnent l'ordre et l'unité de vue, l'état militaire devient ou reste inébranlable en vertu de la continuité des efforts dirigés dans le même sens, en vue de créer, en temps de paix, la convergence des volontés, la communion des âmes, l'unité de langage, l'identité des conceptions.

La guerre franco-allemande devrait servir de

leçon pour chercher à trouver les procédés capables de permettre au pays de vivre dans un sentiment de légitime espérance. Aussi, serait-il sage de sortir du rêve pour entrer dans le domaine de la réalité, de ne pas dédaigner les leçons de l'histoire afin d'éviter les inévitables dangers auxquels une constitution militaire défectueuse entraînerait la France.

La guerre a toujours été, sous les monarchies comme sous les républiques, le corollaire forcé de l'idée de patrie.

Aussi, dira-t-on avec M. Albert de Mun : « L'antimilitarisme, c'est l'horreur de la guerre, expression des grands espoirs et des justes ressentiments. Si ces espoirs ne font pas vibrer les cœurs, si ces ressentiments ne soulèvent plus les âmes, qui est responsable de cette résignation, prélude de l'irréparable décadence? La propagande antimilitariste ne pénètre pas dans l'armée, dit-on, mais elle sévit dans l'école, pépinière du soldat. Allons-nous en finir avec les odieuses déclamations des maîtres sans patrie, ou subirons-nous les lois préparées pour les couvrir ou les défendre contre les familles? »

Dans la préface de la treizième édition de la *Vie de Jésus*, E. Renan a dit que l'on est excellent patriote lorsque, au lieu de nous aveugler sur nos défauts, nous cherchons à les corriger, et que, au lieu de dénigrer l'étranger, nous cherchons à imiter ce qu'il a de bon. C'est en donnant un cachet de revanche à l'instruction morale, en portant une attention soutenue sur l'évolution de la mentalité de ses enfants en vue du relèvement du pays que la Prusse, après 1806, s'est préparée, sans relâche et avec confiance, à reprendre le rang que Napoléon lui avait fait perdre. Puisse l'imitation complète de ses réformes, de son respect des traditions, amener, pour nous, le même résultat !

Qu'on n'oublie pas, surtout, ce mot de Joseph de Maistre : « A l'instant où l'armée se mêlera de politique, l'État sera dissous et les ennemis de la France, profitant de ce moment, la pénétreront et la diviseront. »

Le malaise et l'inquiétude de l'heure présente, les erreurs philosophiques et autres du siècle n'affaiblissent en rien la foi inébranlable dans les destinées réparatrices de la patrie, à la condition que tout bon citoyen restera, plus que jamais, fidèle au sentiment de solidarité nationale. Aussi, doit-il saisir, avec empressement, toutes les occasions de provoquer les méditations en vue de faire marcher de pair le passé avec le présent pour assurer l'avenir. On arrivera, alors, à rendre à l'armée le concert d'actions qui fait sa puissance et lui permet de se maintenir à hauteur de sa mission. La passion dominante, chez le Français, c'est la gloire, qui ne s'obtiendra que par la guerre.

A une époque, encore peu éloignée, où la France était menacée des plus grands dangers, un généreux mouvement s'est produit, a suffi pour les écarter. N'est-ce pas là une somme précieuse d'encouragement, qui permet de jeter les yeux, sans effroi, sur des horizons que l'armée saura déchirer au mieux des intérêts de la nation ? Quand recueillerons-nous les fruits de ce *Sursum corda* pour entrer, à pleines voiles, sur l'océan azuré, où il sera permis de naviguer en toute sûreté, guidé par le patriotisme le plus éclairé, le seul capable de faire prendre de viriles résolutions afin de consolider l'échafaudage de justes et légitimes revendications. Ce sera la plus pure couronne que le peuple pourra offrir à sa mère, à la patrie. Si les souvenirs de gloire sont momentanément passés, ceux des revers ne tarderont pas à s'effacer sous le souffle rénovateur, qui donnera au rêve de la jeunesse la réalisation dans l'âge mûr.

J'ai indiqué la première vertu du génie national, que des époques homériques ont consacrée, celle qui exige tous les sacrifices nécessaires à la défense de l'honneur, de l'indépendance et des intérêts légitimes de la patrie, qui, si elle est en droit d'exiger beaucoup de ses enfants, n'en a pas moins des devoirs sacrés envers les hommes qui, par leur énergie et leur valeur, lui assurent ce qu'elle a de plus précieux, son honneur et son indépendance.

Un mot de Pasteur, l'immortel savant :

« Si la science n'a pas de patrie, l'homme de science doit en avoir une et c'est à elle qu'il doit apporter l'influence que ses travaux peuvent avoir dans le monde ! »

Le drapeau est l'emblème de la patrie. Vers lui se portent les derniers regards du soldat frappé mortellement sur le champ de bataille. Sur son passage toutes les têtes se découvrent pour rendre hommage à l'idée qu'il porte dans ses plis. La foule accompagne respectueusement ceux qui l'entourent et sont appelés à le défendre pour le bon renom du pays. Au régiment, l'éducation des recrues est faite par le récit des victoires inscrites sur sa soie tricolore et frangée d'or. On ne peut pas, certainement, y broder les noms de toutes les batailles qui ont contribué à faire la France, ce qu'elle est aujourd'hui. Aussi, est-ce aux éducateurs de nos soldats à leur faire comprendre qu'avant les hauts faits de la Révolution et de l'Empire, dont on leur parle, il y a eu quatorze siècles pendant lesquels l'histoire a été glorieusement écrite avec du sang.

Je crois devoir, en parlant de la patrie, combler cette lacune, en donnant un aperçu, très succinct, des hauts faits accomplis sous le règne du grand Roi, qui a donné son nom au siècle pendant lequel il a vécu, en reproduisant la physionomie de la France au cours des succès obtenus par Condé, Turenne et autres grands capitaines, qui ont bien mérité de la patrie.

Voici un passage de la réponse de M. Albert Vandal au discours de réception de M. le marquis de Ségur, élu par l'Académie Française à la place vacante par la mort de M. Rousse, le 16 janvier 1908.

On ne lira pas cette page sans fierté et émotion. On y trouve un appel glorieux au passé pour chercher à relever les courages et les espérances. En parlant de l'ouvrage du récipiendaire sur le plus surprenant des capitaines du règne de Louis XIV, Maurice de Montmorency, duc de Luxembourg, gagneur de batailles, M. A. Vandal dit :

« Vous avez renouvelé tout un chapitre, et quel chapitre ! de l'histoire de nos guerres. Cette suprême partie de votre œuvre, vous l'avez intitulée du surnom qui fut donné, à Luxembourg, par une de ces trouvailles de mots auxquelles se plaît l'esprit français. On l'appela le « Tapissier de Notre-Dame ». Nul, en effet, ne fit à la cathédrale de Paris si belles draperies, car il la tapissa du haut en bas d'enseignes ennemies. Drapeaux et étendards, il les envoyait par brassées; en grande pompe, les gardes suisses ou les archers de la ville les portaient à l'église métropolitaine; on les apposait aux piliers, on les suspendait aux voûtes, et le peuple curieux venait interroger ces soies multicolores; il découvrait, entre leurs plis, la bravoure féodale, la diversité des emblèmes, ces aigles, ces lions, ces tours, tout cet arrogant symbolisme; il contemplait avec orgueil ces écussons captifs, cet armorial vaincu. Au bout de quelque temps, les drapeaux, déjà percés de coups dans le combat, se déchiquetaient et achevaient de périr. On en éloignait les restes, mais une floraison nouvelle venait remplacer l'ancienne, car Luxembourg était toujours là pour faire récolte de dépouilles ennemies et raviver le merveilleux décor. Aujourd'hui, en notre Paris, d'autres monuments présentent des trophées d'autres guerres. Inestimables débris, drapeaux vaillamment récoltés, le temps les use; malgré les soins donnés pour les préserver, quelques-uns s'effritent autour de leur hampe dénudée et tombent en poussière. Qui viendra renouveler la moisson? »

II

LA GUERRE

La Guerre est, par-dessus tout, une œuvre d'art, et il y faut infiniment d'esprit avec une valeur à toute épreuve.

(V. Cousin.)

LA GUERRE

I

La Guerre, tel est le titre d'une conférence faite en 1869 au théâtre du Prince impérial, sous la présidence de M. Eug. Pelletan.

L'histoire de la campagne, entreprise alors en faveur de la paix, avec le désarmement comme corollaire, ne peut-elle pas être considérée comme les prolégomènes de celle de la guerre de 1870-1871?

Je ne reviendrai pas sur l'opposition faite, au Corps législatif, au projet du maréchal Niel sur le recrutement, sur les élans de cœur des orateurs des réunions publiques, parlant de leur indignation en voyant le perfectionnement apporté dans l'art de briser les bras et les jambes, de couvrir le monde de veuves, d'orphelins, de ruines. Je ne m'arrêterai pas aux travaux des Congrès de la paix, où l'on ne cessait de pousser le cri de « guerre à la guerre », d'ébranler les assises de l'édifice militaire, de porter la plus grande atteinte à l'esprit de dévouement, à la discipline, en faisant déborder l'esprit civil jusque dans l'armée pour y éteindre les nobles enthousiasmes en dénaturant, si la chose était possible, le caractère national. J'analyserai, succinctement, cette conférence, qui donne une idée de l'état d'âme de la nation à cette époque. J'y constate l'exposé des doctrines actuellement à l'ordre du jour, accueillies assez favorablement dans le monde politique, y trouvant un aliment à l'ambition, un facteur précieux d'humanitarisme, de sociologie, à l'usage du fonctionnement du suffrage universel.

L'orateur commence par déclarer que la gloire seule pousse les hommes à s'entretuer et, pour le prouver, fait allusion à la *Conversation chez la Comtesse d'Albany* de P.-L. Courier. Le témoignage du célèbre pamphlétaire n'est pas d'une autorité sérieuse dans les questions de ce genre. Élève de l'École de Châlons, puis officier d'artillerie, P.-L. Courier prend la guerre en dégoût lorsqu'il la voit de près. Les bruits d'un camp, les allées et venues, les marches savantes nuisent à ses rêveries, à l'étude de quelques livres. Il se moque des braves qui se couvrent de gloire, se complaît à revoir les monuments des arts et de la civilisation du peuple vaincu. Il passe la meilleure partie de son temps à bouquiner dans les abbayes et les vieux châteaux. A Mayence, il déserte pour ne pas supporter les rudes épreuves auxquelles l'armée était soumise, n'est mis à l'abri des poursuites que grâce à des amis puissants.

Dans la *Conversation chez la Comtesse d'Albany*, il fait une homélie très curieuse des arts, pousse une charge à fond contre les boucheries qu'entraînent la guerre, la folie des conquérants, pour arriver à dire que « le monde est bien sot d'honorer les gens qui gagnent des batailles et soumettent des provinces, de ne pas voir que la gloire, l'estime, l'admiration publique appartiennent de droit aux peintres et aux poètes. Voilà de beaux héros vraiment que ces César et Alexandre, pour être célèbres et divinisés!!! »

P.-L. Courier n'en reste pas moins un lumineux et mordant génie, un grand écrivain, un helléniste distingué, mais que l'on ne citera jamais comme un critique sérieux dans les questions qui intéressent l'armée.

Le mot de Montaigne, « la gloire est l'approbation du monde », a été rappelé par le conférencier. Cet avis n'est pas partagé par le panégyriste du vigneron de Veretz, par Armand Carel, qui, dans l'*Essai sur sa vie et ses écrits*, dit :

« Ouvrez nos énormes biographies contemporaines. Presque à chaque page est l'histoire de quelqu'un de ces citoyens, soldats improvisés en 1792, qui, faisant peu à peu de la guerre leur métier, s'avancèrent dans les grades et moururent çà et là, sur les champs de bataille, obtenant une mention plus ou moins brillante. Quelle famille n'a pas eu aussi son héros, dont elle garde encore le plumet républicain ou la croix impériale, et qu'elle a eu soin d'immortaliser par une courte notice dans le *Moniteur* ou dans les Tables nécrologiques de Panckoucke? Toutes ces vies d'officiers, morts entre le grade de capitaine ou celui de commandant de brigade ou de division, se ressemblent. Quand on a dit leur enthousiasme de vingt ans, le feu sacré de leur âge mûr, leurs campagnes dans toute l'Europe, les victoires auxquelles ils ont contribué, perdus dans les rangs, les drapeaux qu'ils ont pris à l'ennemi, enfin leurs blessures, leurs membres emportés, leur fin glorieuse, il ne reste rien à ajouter qui montre en eux plus que l'homme fait pour massacrer et pour être massacré. »

Le conférencier, qui se plaît à rompre des lances contre des moulins à vent, va jusqu'à dire : « Quand cessera-t-on de nous montrer Alexandre, César, Charlemagne, comme les premiers et les plus grands des hommes? Non, ce n'est pas vrai. C'est un méchant métier que celui de massacreurs de gens, et, pour ma part, je voudrais qu'au lieu de nous montrer, au bout des rues droites de nos grandes villes, des statues représentant un général ou un maréchal, avec un manteau pour couvrir la laideur de son uniforme, qui, de bronze, n'est jamais beau, quelques boulets à ses pieds, la main gauche sur la poignée de son épée et la main droite montrant l'ennemi, qui n'est pas là, je voudrais qu'au lieu de ces statues monotones, si ennuyeuses à regarder et qui ont dû ennuyer plus encore les pauvres artistes à qui on les a commandées, on représentât, non pas ceux qui tuent beaucoup de monde, mais ceux qui ne se manifestent que par leurs bienfaits. »

Et il demande des statues, des statues pour Cobden, et profite de l'occasion pour faire un appel au public en faveur de la Ligue de la Paix.

Il a constaté, dans ses voyages à l'étranger, que les Français aiment trop la gloire et la guerre, pour conclure en demandant l'abolition des armées permanentes, qui sont inutiles, parce que si le sol de la patrie était jamais envahi, il suffirait, pour le défendre, de retrouver le « Chant du Départ » dans la mémoire et dans le cœur. Puis il pousse une charge à fond contre le comte Joseph de Maistre, qui a eu l'audace de glorifier l'armée.

La mémoire des grands capitaines, « dont les statues déshonorent les places publiques », a plus gagné que perdu à la catilinaire, dont ils ont été gratifiés dans cette conférence. Aussi dira-t-on, avec le général Bonnal : « Aucun homme de guerre des temps anciens et modernes ne peut être mis en parallèle avec Napoléon, et le magnifique tombeau, que la France lui a édifié, sous le dôme des Invalides, restera, jusqu'aux siècles les plus reculés, un lieu de pèlerinage pour les militaires », et j'ajouterai : « pour tous les hommes dont le cœur palpite aux accents des belles et glorieuses actions ».

Si mon attention s'est portée d'une manière spéciale sur une manifestation oratoire, qui date de plus de quarante ans, c'est parce que je la considère comme le prototype des revendications d'un parti qui, de nos jours, applaudit à la divulgation des doctrines délétères, qui ont leurs chaires de pacifisme à outrance, de lâcheté pour mieux dire, provoquant des luttes intestines, dont profitera l'ennemi.

Les démonstrations retentissantes de la Ligue de la Paix, les sourdes manœuvres de l'Internationale, avec la complicité de la nation, ont eu pour résultat le triomphe de la Prusse sur la France, avec les conséquences qu'il serait trop pénible d'énumérer.

La campagne, menée aujourd'hui, entraîne le pays aux abîmes et, si on n'y met bon ordre, rien ne pourra faire éviter une catastrophe encore plus terrible que celle qui a marqué les années 1870-1871. Boileau n'avait-il pas raison quand il disait qu'il y avait « deux galimatias, le simple, celui où l'auteur s'entend lorsque le public ne peut le comprendre, et le double, lorsque l'auteur, sans être entendu, ne se comprend pas lui-même; celui-ci, c'est la doctrine ». En la circonstance, la doctrine de la paix à tout prix, tout en faisant de là bouillie pour les chats, n'en prépare pas moins la sauce à laquelle le turbot sera mangé.

Je crois qu'il est impossible de lire une page plus intéressante que celle qui, après Sedan, a suggéré à Napoléon III des réflexions, qui, on ne peut le nier, s'appliquent à tous les temps. Ce pont, entre le passé et le présent, permettra de mieux apprécier si la France a su mettre à profit les enseignements de la guerre et, après plus de quarante ans de paix, se montrer à hauteur des événements qu'un avenir, plus ou moins prochain, lui réserve :

« Une si épouvantable catastrophe ne doit pas seulement nous arracher des larmes, elle doit être, aussi, féconde en enseignements et fournir des leçons qu'on ne saurait oublier. Les succès de la Prusse sont dus à la supériorité du nombre, à la vigoureuse discipline de son armée, à l'empire qu'exerce, dans toute l'Allemagne, le principe d'autorité. Que nos malheureux compatriotes, qui sont prisonniers, profitent, au moins, de leur séjour en Prusse pour apprécier ce que donnent de forces à un pays un pouvoir respecté, la loi obéie, l'esprit militaire et patriotique dominant tous les intérêts et toutes les opinions. Certes, la lutte était disproportionnée, mais elle aurait pu être disputée et moins désastreuse pour nos armes, *si les opérations militaires n'avaient pas été subordonnées sans cesse à des considérations politiques.* Nous aurions, aussi, été mieux préparés *si les Chambres n'avaient pas été, sans cesse, préoccupées de réduire le budget de la guerre, et si elles ne s'étaient pas toujours opposées aux mesures qui devaient augmenter les forces nationales.*

« A ces causes principales de nos revers, nous devons ajouter le manque de discipline, le défaut d'ordre. Le laisser-aller de la tenue influe sur l'esprit militaire. Cet abandon se reproduit dans tout le reste. On ne sert plus avec cette régularité, cet amour du devoir, cette abnégation de soi-même, qui sont les premières qualités de ceux qui commandent comme de ceux qui obéissent.

« En résumé, l'armée réfléchit toujours l'état de la société dans laquelle elle a été formée.

Tant que le pouvoir en France a été fort et respecté, la constitution de l'armée a présenté une solidité remarquable; mais lorsque les violences de la tribune et de la presse sont venues affaiblir l'autorité et introduire, partout, l'esprit de critique et d'indiscipline, l'armée s'en est ressentie. »

L'Empereur terminait sa brochure par ce souhait, que l'on semble considérer comme une manifestation littéraire et rien de plus : « Dieu veuille que le drame terrible qui s'est déroulé serve de leçon pour l'avenir. » Il est vrai que, à notre époque, une invocation au Créateur est considérée comme un attentat à la libre pensée, un vice rédhibitoire, dont il faut se garer à tout prix.

Il est probable que les Allemands, qui se montrent moins timorés sur les traditions, se mettront encore en marche en levant les mains au ciel et diront : *Gott sei mit uns*, se rappelant que lorsqu'ils ont fait l'ample moisson des lauriers du triomphe, ils se sont écriés : *Gott war mit uns*, ce qui a permis à leur vieil Empereur de pouvoir ajouter : *Gott hat grosses an uns getan*, « Dieu a fait de grandes choses pour nous. »

Les gens, qui s'acharnent à détruire les assises capables de supporter le monument de l'honneur national, de l'indépendance et de la tranquillité du pays, de sa richesse comme de sa réputation, ont-ils conscience de leur conduite, se rendent-ils compte de leur horreur du sens commun? Avec une suffisance, qui n'a d'égale que leur inconscience ou leurs convoitises, ils se disent chargés d'une mission importante, conforme à la fameuse évolution moderne, aux besoins de la société actuelle. Ils parlent beaucoup au nom de l'humanité et l'on pourrait leur appliquer ce vers de Térence :

Noe iste magno conatus magnas ducas dixent.

« Cet homme va me dire, avec une grande emphase, de grandes bêtises. »

J'opposerai à la doctrine contre la guerre les opinions d'historiens, de philosophes, qui, aux différentes époques de l'histoire, ont été unanimes à reconnaître qu'une trop longue paix entraîne la décadence et la ruine des États.

Au livre XIV des *Mœurs des Germains*, Tacite donne une définition barbare de la guerre, mais conforme à l'esprit de son temps, au caractère du peuple dont il peint la vie.

« Si leur cité languit trop longtemps dans la paix et l'inaction, presque toute la jeune noblesse est la première à aller trouver les peuples qui sont alors en guerre, parce que, d'abord, le repos est insupportable à la nation et, qu'ensuite, au milieu des hasards, ils s'illustrent plus vite et qu'ils ne peuvent entretenir un grand nombre de compagnons que par la rapine ou la guerre. Car c'est au chef à leur fournir leur cheval de bataille, cette framée si meurtrière et si terrible; en outre, de grands repas, qui leur tiennent lieu de solde, dont la chair est grossière, sans doute, dispendieuse toutefois. Le fond de toutes ces dépenses est la guerre et le pillage et vous leur persuaderiez bien moins de labourer la terre, ou d'attendre une récolte, que d'aller se faire des ennemis et chercher des blessures. Bien plus, ils trouvent de la bassesse et de la lâcheté à arracher par des sueurs ce qu'on peut avoir du sang. »

Je résiste à la tentation de faire des emprunts aux historiens de l'antiquité, où l'on pourrait récolter une riche moisson de documents appropriés à l'époque présente. La plume hésite à se lancer dans une tâche aussi délicate, qui exigerait un long et attentif examen. Je préfère passer au déluge du dix-huitième siècle.

Dans les *Fantaisies militaires*, le prince de Ligne a établi un remarquable parallèle entre la guerre et la paix. Il désire l'une et craint la durée de l'autre. « J'ai vu faire tant de belles actions; j'ai vu tant de beaux traits d'humanité, tant de bien pour réparer un peu de mal, qu'il ne m'est pas possible de regarder la guerre tout à fait comme un fléau. Il semble que l'âme s'exalte. Plus on a de courage, plus on est tendre. La paix est un temps d'apathie, où il y a, peut-être, plus de mal, mais qui ne se remarque pas autant, parce qu'on est plus lent; on bat, on gronde, on jure tous les jours pendant la paix; on encourage et on récompense pendant la guerre. Au bout de sept ans de guerre, l'armée a besoin de se remettre, surtout s'il y a eu beaucoup d'actions vives et d'entreprises hardies; mais au bout de sept ans de paix, la meilleure armée doit nécessairement décliner. Il est difficile de rester au même point, et, dans tout ce qui est mené par l'ambition, ce qui ne monte plus, descend presque toujours.

« Que l'enthousiasme monte vos têtes. Que l'honneur électrise vos cœurs, que le feu de la victoire brille dans vos yeux. Qu'en arborant les marques insignes de la gloire, nos âmes soient exaltées, et qu'on me pardonne si la mienne, qui l'est peut-être trop dans ce moment, m'entraîne, malgré moi, à un peu de déclamation. »

Dans *De la Guerre en général*, Lloyd se montre

moins exalté; il envisage la guerre, non au point de vue sentimental, mais en ce qui concerne les règles générales auxquelles elle est soumise :

« La guerre est un état d'action, et une armée est une machine mobile, destinée à exécuter tous les mouvements militaires. Cette machine, comme toutes les autres, est composée de différentes parties, et sa perfection dépend de la bonne constitution de chacune de ces parties prises séparément, et de leur bon arrangement entre elles. Leur objet commun doit être de réunir ces trois propriétés essentielles : la force, l'agilité et une mobilité universelle. Si la combinaison de toutes les parties produit cet effet désiré, on peut dire que la machine est parfaite : il faut bien prendre garde que l'une de ces propriétés ne s'augmente aux dépens de l'une des deux autres, mais qu'au contraire l'ensemble annonce une juste proportion.

« Par la force d'une armée, je n'entends point cette multitude d'efforts, qui résulte du nombre des hommes, mais cette vigueur collective qui vient de la disposition et de l'armement des troupes. Cette force doit être mesurée sur les projets de guerre qu'on se forme, en état d'attaquer comme de se défendre contre la cavalerie ou contre l'infanterie, dans un pays ouvert aussi bien que dans un pays montagneux et coupé. .

« Par agilité, je veux dire cette vitesse avec laquelle une armée marche et exécute différents mouvements, qui deviennent nécessaires dans le cours d'une campagne. Cette propriété est la plus essentielle de toutes; elle ne peut s'acquérir que par un continuel exercice, et encore ne suffit-il pas; il faut que la constitution même des troupes ait été calculée pour faciliter les mouvements.

« Par la mobilité universelle, je veux dire une formation qui soit applicable à toute espèce de terrain et contre toute espèce de troupes, soit pour l'attaque ou la défense; car la ligne de bataille, une fois formée devant l'ennemi, il est bien difficile de changer son ordre et de faire aucun mouvement, à moins que ça ne soit de loin; aussi, quand on croit avoir quelques changements à faire, on a recours à la seconde ligne ou à la réserve, et presque toujours sans succès. Il est donc de la plus indispensable nécessité que la première formation des troupes soit de nature à pouvoir s'appliquer à toutes les circonstances possibles, de sorte qu'il n'y ait plus rien à changer dans le cours de l'action, si ce n'est de porter plus ou moins de monde sur un point donné. »

Tous les philosophes sont d'accord pour reconnaître que si la guerre est un mal, c'est, du moins, un mal nécessaire. Que dit Hegel?

« La guerre retrempe les nations que la paix a amollies, consolide les États, éprouve les races, donne l'empire aux plus dignes, communique à tout, dans la société, la flamme, la vie. »

Du pasteur Ancillon, écrivain non moins profond en philosophie qu'en histoire, sachant également se garantir de la prévention et de l'enthousiasme :

« La paix amène l'opulence, multiplie les plaisirs sensuels, et l'habitude de ces plaisirs produit la mollesse et l'égoïsme; acquérir et jouir devient la devise de tout le monde, les âmes s'énervent et les caractères se dégradent; au lieu que la guerre et les malheurs même qu'elle traîne à sa suite restaurent les vertus mâles et fortes, le courage, la patience, l'énergie, le dévouement, le mépris de la mort. »

E. Renan, dont toute la doctrine philosophique est la condamnation du culte de la force, a proclamé, hautement, les bienfaits de la guerre dans la *Réforme intellectuelle et sociale* :

« La guerre est une des conditions du progrès, le coup de fouet qui empêche le pays de s'endormir, en forçant la médiocrité satisfaite à sortir de son apathie. L'homme n'est soutenu que par l'effort et la lutte... Si la sottise et la négligence, la paresse et l'imprévoyance des États n'avaient pour conséquence que de les faire battre, il est difficile de dire à quel degré d'abaissement pourrait descendre l'espèce humaine. Le jour où l'humanité deviendrait un grand empire romain pacifié et n'ayant plus d'ennemis extérieurs, serait le jour où la moralité et l'intelligence courraient les plus grands dangers. »

Du baron Colmar von der Goltz, dans *La Nation armée :*

« On aura beau soutenir que les sacrifices, que font les nations pour perfectionner leur organisation militaire, pèsent lourdement sur la génération actuelle, il n'y a rien à y faire. Celle d'entre les nations, qui se relâcherait la première, perdrait aussitôt sa situation et sa voix dans le concert européen. C'est elle qui paierait les frais de toute collision qui pourrait surgir, et, instruite par cette triste expérience, elle inciterait les autres dans leurs armements et se mettrait à réparer le temps perdu. Toutes les propositions de désarmement proviennent de ce que leurs auteurs méconnaissent les conditions d'existence des États, existence qui se base sur les nationalités. L'idée de la communauté des intérêts domine l'esprit des nations et fait que chacune d'elles fait face aux autres, comme font différentes personnes chez lesquelles l'égoïsme naturel, malgré la bonne volonté de tel ou tel, produit des compétitions. L'égoïsme national est inséparable de l'idée que nous nous faisons de la grandeur nationale. Cet égoïsme, quand tous les autres font défaut, recourra aux armes, et où trouver, alors, la cour arbitrale capable d'imposer la paix? Une nation seule, qui posséderait l'empire du monde, en aurait le pouvoir; mais l'empire du monde ne s'acquiert que par la guerre, et ne se maintient que par elle.

« Cette nation seule jouira de la sécurité, qui se tiendra prête à défendre son indépendance l'épée à la main.

« Il y aura des guerres tant que, dans ce monde, les peuples voudront acquérir des biens terrestres, qu'ils seront animés du désir de procurer aux générations futures l'espace dont elles ont besoin pour vivre à l'aise, la tranquillité et la considération, tant que ces peuples, sous la conduite de grands esprits, tendront, sans se tenir aux limites étroites des besoins journaliers, à réaliser un idéal politique et civilisateur... A quoi bon discuter si la guerre ennoblit les peuples ou les rend incultes?

« Les conséquences morales des guerres différeront selon les formes que prennent celles-ci, selon l'issue qu'elles ont, selon l'époque à laquelle elles se font. Il nous faut accepter ce que les dieux envoient; ce qu'il y a de certain, c'est que *les guerres sont la loi des hommes, elles forment le destin inévitable des nations. En ce monde, les hommes ne jouiront jamais de la paix éternelle.* »

A cette heure, il ne suffit pas, comme Machiavel le demande, que le prince connaisse la guerre ; les peuples n'ont pas moins besoin de la connaître. Il faut qu'ils sachent forger leurs armes, fortifier leurs bras pour les manier, et tremper leur âme afin de pouvoir supporter les épreuves que leur réserve le combat pour la patrie.

M. Georges Duruy, professeur d'histoire et de littérature à l'École polytechnique, n'est pas moins explicite : « Mieux vaut cent fois la guerre que la perte de la liberté et de l'indépendance. Tout peuple qui n'est pas pénétré de cette idée-là et qui veut la paix à tout prix, fût-ce au prix de son honneur, est un peuple condamné. Il a perdu le droit à la vie, peu importe qu'il meure. »

En 1840, avec sa verve habituelle et sa causticité, Charlet disait à un de ses amis :

« J'ai le cœur froissé par notre politique extérieure. Notre coq fait la poule et ne défend plus sa queue. Je ne reconnais plus mes Français. Ils ne sont ni les panaches d'Henri IV, ni les fils du drapeau d'Arcole; ils me dégoûtent; il n'y a plus de sexe ; c'est un troupeau de vils agioteurs, un peuple de courtiers marrons. *Ignobilitus mundi.* »

L'auteur de *La Garde meurt et ne se rend pas* signalait la mauvaise route dans laquelle le Gouvernement s'engageait, s'élevait contre la politique des demi-moyens, des tâtonnements. « Les trembleurs, ajoutait-il, tiennent la queue de la poêle, et je crains fort que la friture ne renverse. Alors, incendie général. A qui la faute? On laisse tout faire. On prendra une attitude et l'on dira : « Ils n'ont pas eu l'in« tention de nous insulter; restons chez nous. » On criera, mais la houle passera; la route montera, et tout sera dit. »

En 1853, Barbès écrivait de la prison de Ham :

« Depuis Waterloo, nous sommes les vaincus de l'Europe, et, pour faire quelque chose chez nous, je crois qu'il est utile de montrer aux étrangers que nous savons manger la poudre. Hélas! il ne nous manquait que de perdre le sens moral après avoir perdu tant d'autres choses. »

Lorsque l'Empereur eut connaissance de ce noble langage, il ordonna l'élargissement immédiat du prisonnier et la guerre d'Orient était décidée.

Au moment où l'on cherche des arguments exotiques en faveur de la paix dans les livres de Tolstoï, je ne puis résister au plaisir de citer la page admirable que le général A.-L. Blondel a consacrée à l'esprit guerrier dans *Coup d'œil sur les Devoirs et l'Esprit militaires*. C'est la meilleure réponse à faire aux apologistes de la pleutrerie et de la couardise :

« L'esprit guerrier vit toujours en France. C'est un foyer entretenu par le souvenir de nos exploits; il se découvre, il s'enflamme, il se développe tout entier avec sa force et son ostentation aux époques de guerre; le volcan se rallume, et sa flamme brille de nouveau toutes les fois que les attaques de l'étranger ou des projets de conquête viennent offrir un objet à l'exaltation, un motif au dévouement, un aliment à l'amour de la gloire. Il se nourrit, alors, des succès de l'armée, s'exalte même par des fanfaronnades populaires et par le dédain des ennemis qu'il faut vaincre. Les circonstances enfantent l'amour du métier des armes, l'estime pour ceux qui l'embrassent, le respect pour les hommes dont l'existence y fut consacrée. Alors, le soldat marche avec enthousiasme au-devant du danger; le conscrit qui part est presque un objet d'envie pour celui que le sort réserve, sa jeunesse, avide de victoire, n'attend pas, sans impatience, le moment de joindre les drapeaux; les engagements devancent les appels; on court à l'armée comme on court à une fête. C'est que les nouveaux venus, comme les anciens, ont foi dans le chef et confiance dans leurs camarades; c'est qu'aux uns comme aux autres, l'espoir montre, au delà du danger, l'illustration et l'avancement. Alors une teinte d'esprit militaire, l'obéissance et le dévouement, s'étendent de l'armée jusqu'à la nation. »

Dans la séance du 29 juin 1882, M. Laisant, ancien capitaine du génie, député, rapporteur du budget de la guerre, déclare à la tribune qu'il ne serait pas possible de trouver un seul officier, un seul général, ayant autorité et qualité pour le faire, « qui se prononcerait en faveur d'une intervention armée en Égypte, parce que la France s'exposerait à devenir une proie facile sur laquelle l'Europe entière mettrait la main ».

Madier de Montjau, le vieux républicain, d'une voix vibrante, d'un patriotisme indigné, a prononcé des paroles françaises, pour faire bonne justice de cette politique d'aplatissement:

« Je hais la guerre, a-t-il dit, elle m'est en horreur. Mais lorsqu'elle représentera le droit, qu'elle sera la gardienne de l'honneur et des intérêts de mon pays, si ce pays n'est pas tout à fait mort, si une goutte de sang coule encore dans ses veines, même dans des conditions mauvaises, non seulement je la croirai possible, mais je croirai à ses chances heureuses et glorieuses.

« Car, il y a chez les nations, il y a dans les armées, qui en sont le cœur même, des forces qui ne pèsent pas dans la main, qui ne peuvent pas être comptées avec des chiffres et qui ont, cependant, une incontestable réalité et une incommensurable valeur...

« Encore une fois, qu'on le sache, il y a, dans le parti républicain, qui siège sur ces bancs, quelles que soient ses nuances, quelqu'un qui ne veut pas la guerre et n'y poussera jamais la France, mais la France fera la guerre le jour où on la poussera à la faire. Ce jour-là, elle la fera bien, et ce jour-là nous n'enverrons pas tuer les autres sans entrer dans le cercle du feu ! Non, pour le devoir et pour la patrie, nous tous qui sommes ici, s'il le faut, nous irons nous faire tuer avec eux. »

Le vétéran des luttes politiques s'était peut-être trop laissé entraîner par son chauvinisme, lorsqu'il faisait prévoir, en cas de guerre, la formation d'une glorieuse cohorte, d'un bataillon sacré, composé de parlementaires, décidés à combattre jusqu'à la mort. Ces messieurs tiendront à remplir le rôle que le suffrage universel leur a assigné, et, comme l'a dit un polémiste très en vue, il est possible qu'ils se conforment à un programme qui, à leurs yeux, ne manque pas de grandeur. « Rester clos et couverts au Palais-Bourbon, pendant la grande boucherie, discuter les opérations, décrier les généraux, affoler les ministres, télégraphier aux armées « de mourir jusqu'au dernier homme », et puis allumer un bon cigare dans le Salon de la Paix, pour aller dîner aux environs de la Madeleine. »

Lorsque les Frégoli de toutes les apostasies et de toutes les compromissions se montrent si excessifs dans leurs attaques contre l'armée, on se reporte involontairement aux déclarations formelles des *Amis de la Paix*. « Faire la guerre à la guerre, disent-ils, anéantir les frontières, qui ne sont que des préjugés, assurer ainsi au prolétariat du monde une ère féconde de justice et d'humanité. Nous, qui avons toujours considéré les guerres et leur histoire comme un nonsens et un crime, nous plaiderons en faveur de l'antimilitarisme. »

Passons dans une autre région pour respirer un air pur, vivre en communauté avec la partie de la nation qui, sans oublier les grandes vicissitudes humaines, entraînant aux réflexions philosophiques, n'en est pas moins amenée à se rendre compte de ce que la guerre a de sublime dans l'héroïsme, et, surtout, de nécessaire au point de vue de l'existence et de la moralité des peuples.

Des hommes, dévoués à la cause de l'humanité, les plus connus par leur désir de voir se maintenir la paix, dans des conditions honorables pour le pays, sont effrayés des résultats qu'ils constatent dans la campagne entreprise contre l'armée.

Voici une lettre, parue dans les journaux, lue à la tribune du Palais-Bourbon, où l'on fait toucher du doigt la plaie qui menace de prendre des proportions inquiétantes pour le salut de la France. Elle est adressée à M. d'Estournelles de Constant, président de la Ligue pacifiste :

MONSIEUR LE SÉNATEUR,

A mon grand regret je me vois obligé de vous adresser ma démission de membre de la Société de « Conciliation internationale », cela pour les considérations suivantes :

La paix universelle, que vous rêvez, n'a jamais

été plus menacée que depuis l'entrée en scène du pacifisme, préface naturelle de l'internationalisme et de l'hervéisme. Préparer toujours la paix c'est favoriser la guerre, déclarée ou provoquée par ceux qui mesurent leur courage à la faiblesse supposée de leurs voisins, par ceux qui veulent une France démembrée, humiliée, ruinée; c'est encore amollir les courages, désapprendre nos premiers devoirs envers la patrie, entraver l'œuvre sacrée de la défense nationale, c'est aller au-devant de la défaite ou de la servitude en entretenant de fausses illusions. *Si vis bellum para pacem.*

Comme tant d'autres, je hais la guerre avec ses horreurs, et je n'ai que mépris pour ceux qui la provoquent; malheureusement, elle sera longtemps encore inévitable, tant qu'il y aura de superbes conquérants osant, au mépris de milliers de vies humaines, dire ou penser cette odieuse parole de l'un d'eux, au dix-huitième siècle : « J'aime la guerre pour la gloire », tant que les peuples envoyés aux tueries sanglantes n'exigeront pas la présence de leurs conducteurs à la tête des régiments, en face, et non à l'abri du danger.

La guerre est inévitable, parce que, dit un philosophe moderne, « de même que dans les sociétés les plus civilisées il y a des fous et des criminels qui se jettent sur les passants pour les tuer, de même, par suite d'aberrations collectives ou individuelles, il y aura toujours des crimes internationaux, c'est-à-dire des guerres ». Et penser qu'on peut toujours les éviter lorsqu'elles sont voulues par votre plus cruel ennemi, c'est se tromper étrangement; répéter les jérémiades de certains hommes politiques, disant, proclamant, avec des larmes dans la voix, que nous avons couru un grand danger, dont nous avons été délivrés pour un jour, c'est agir contre la paix, parce que « le plus sûr moyen que nous la conservions, a dit Millerand, c'est qu'on sache que nous ne craignons pas la guerre »; c'est encore qu'on nous sache prêts à repousser une attaque et suffisamment forts avec les amitiés qu'une politique clairvoyante a su nous réserver dans le monde.

Je vous adresse, avec un sincère regret, ma démission, parce que je ne veux pas plus longtemps encourir pour l'avenir de notre cher pays les terribles responsabilités, conséquence d'un pacifisme à outrance, parce que je pense et dis, après le président Roosevelt, qui s'est acquis la reconnaissance universelle pour le rôle qu'il a joué en faveur de la paix :

« Je ne sais pas si la guerre est le pire des maux, mais j'affirme que le pacifisme est le pire des remèdes. »

Veuillez agréer, Monsieur le Sénateur, l'assurance de ma haute considération.

H. HUCHARD,
de l'Académie de Médecine.

Ce langage a été considéré comme celui d'un déséquilibré, opinion qui n'a étonné personne, venant d'un parti qui encourage ceux qui disent :

« Peuple, c'est pour la patrie qu'on t'écrase d'impôts, qu'on t'empêche, conscrit, de dire ta pensée; que les politiciens te trompent et que les accapareurs t'extorquent; c'est pour elle qu'on t'enferme deux ans dans une caserne, qu'on te fait mourir d'insolation sur un champ de manœuvres. Gouverné, exploité par un Français n'est ni plus ni moins mauvais que de l'être par un Allemand. »

Les bonzes, comme les néophytes de la paix, ne cessent de citer le passage de La Bruyère, dont ils font leur acte de foi. Le voici :

« La guerre a pour elle l'antiquité ; elle a été dans tous les siècles; on l'a toujours vu remplir le monde de veuves, d'orphelins, épuiser les familles d'héritiers et faire périr les frères à une même bataille... De tout temps, les hommes, pour quelques morceaux de terre de plus ou de moins, sont convenus entre eux de se dépouiller, se brûler, se tuer, s'égorger les uns les autres; et, pour le faire plus ingénieusement et avec plus de sûreté, ils ont inventé de belles règles qu'on appelle l'art militaire; ils ont attaché à la pratique de ces règles la gloire ou la plus solide réputation; et ils ont, depuis, enchéri, de siècle en siècle, sur la manière de se détruire réciproquement. De l'injustice des premiers hommes, comme de son unique source, est venue la guerre, ainsi que la nécessité, où ils se sont trouvés, de se donner des maîtres qui fixassent leurs droits et leurs prétentions. Si, content du sien, on eût pu s'abstenir du bien de ses voisins, on aurait, pour toujours, la paix et la liberté. »

Dans ses *Essais*, à propos « des mauvais moyens employés à bonne fin », Montaigne démontre tous les avantages qu'il y a à retirer de la guerre. « Par ce moyen, ils bâtissoient leurs colonies; car sentant leur ville se grossir outre mesure, ils la déchargeoient du peuple moins nécessaire, et l'envoyoient habiter et cultiver les terres par eux conquises; parfois aussi ils ont à escient nourry des guerres avec aulcuns de leurs ennemis, non seulement pour tenir leurs hommes en haleine, de peur que l'oisifveté mère de corruption, ne leur apportast pire inconvénient :

Et patimur longæ pacis mala
Luxuria incumbit (1)

mais aussi pour servir de saignée à leur république et esventer un peu la chaleur trop véhémente de leur ieunesse, escourter et esclairçir le branchage de ce tige foisonnant en trop de

(1) Nous subissons les maux inséparables d'une trop longue paix; plus terrible que les armes, le luxe nous a domptés. (JUVÉNAL, VI.)

gaillardise; a cet effet se sont-ils aultrefois servis de la guerre contre les Carthagenois. Une guerre estrangère est un mal bien plus grand que la civile. »

M. Henri Lavedan s'est-il inspiré de Montaigne, lorsqu'il a donné cette définition de la guerre, comme le seul obstacle à l'*Exucre patriam*, dont parle Tacite?

« Il faut se dire que la guerre est et sera toujours — quels que soient la qualité, le niveau de ceux qui la feront — une source d'inévitables abominations et, ceci soupiré, on doit se convaincre qu'elle est pourtant, à certaines minutes de la vie critique d'un peuple, aussi nécessaire, aussi utile, aussi désirable qu'une opération chirurgicale pour le salut d'une vie humaine. Il faut donc alors la faire, coûte que coûte, avec tout ce qu'elle comporte et tout ce qu'elle entraîne, tout ce qu'elle retire, mais aussi tout ce qu'elle donne. Ainsi subie et aussitôt voulue, entreprise dans la douce complicité du droit et du devoir, consentie à l'avance par tous les sacrifices, elle requiert ce point de sainteté, cette espèce d'obligation religieuse, sereine et sacrée, qui promettait et n'a plus à tenir compte de rien que de son but. Dans sa chair et dans son honneur, quand un pays se voit en extrême danger, ce n'est pas la paix qui l'en tirera.

Si graves soient-ils, les aléas et toutes les péripéties de la mort sont, pour lui, le seul, le plus sûr moyen de sauver sa vie menacée. »

Les événements actuels du Maroc ne sont-ils pas la conséquence de la politique de « pénétration pacifique » préconisée, en 1902, par le Gouvernement?

En dépit de la campagne entreprise en faveur de la paix quand même par les partis avancés, agrémentée par les tribunaux d'arbitrages et autres chinoiseries, c'est encore par le fer, le feu et le sang que les nations régleront leurs différends diplomatiques, donneront une extension aux débouchés rendus nécessaires par suite de l'agglomération des populations, se défendront contre les agressions, feront respecter le drapeau au dehors. La guerre, déchaînée comme le préconisait Clausewitz, est la seule à intervenir dans les conflits que les chancelleries n'auront pu régler à la satisfaction des partis. Les doctrines pacifiques et les déclamations humanitaires peuvent encore servir de tremplin à des idéologues, à des rhéteurs, mais n'ont plus cours dans les conseils appelés à décider quelles sont les mesures les plus efficaces, les plus promptes à prendre, le jour où l'on passera des paroles aux actes.

Les temps sont éloignés où un Romain portait la paix ou la guerre dans les plis de sa toge. Le monde moderne s'est débarrassé de cet effet de draperie et des préliminaires permettant une longue veillée des armes. La guerre russo-japonaise a prouvé qu'une décision énergique était le facteur essentiel pour entrer en campagne avec les atouts dans la main, atouts représentés par de gros et solides bataillons, qui mettent le sentiment militaire au-dessus de tout, considèrent la mort comme un incident de leur profession, et ne consentiront jamais à servir de marchepied à des politiciens cherchant à porter atteinte au patrimoine d'honneur dont ils ont la garde.

La paix n'est le premier besoin des hommes que lorsqu'elle ne les froisse ni ne les humilie. La guerre est sacrée lorsqu'elle est nécessaire et seule capable de faire sortir la France de l'apathie dans laquelle elle se complaît, de la guérir de cette fièvre d'utopies qui la mine depuis si longtemps, de cette inaction criarde, vaniteuse, qui semble lui plaire. Elle retrouvera alors les vieilles énergies dont elle a si longtemps bénéficié et reprendra sa place à la tête des nations. Là est le salut, que l'armée seule peut assurer.

Le mot de Danton : « Venez brailler avec nous,

vous vous enrichirez et, après, vous ferez ce que vous voudrez », a été repris par beaucoup d'antimilitaristes, qui, à l'aide de la vaine rhétorique humanitaire, sont parvenus à faire horreur du champ de bataille pour contenir leur pays sous le continuel frémissement de la guerre civile, que l'armée seule, leur ennemie, parvient à maîtriser comme elle peut, avec beaucoup de dévouement, ce qui n'arrête en rien le flot de calomnies, d'injures, dont on l'abreuve avec l'espérance d'en être débarrassé le plus tôt possible.

Des idées vagues, à défaut d'une solide logique, sont les seules assises de l'obscure énigme du désarmement. Une discussion sérieuse et, par-dessus tout, la force du raisonnement, greffé sur le bon sens, suffisent pour réduire à néant un système, que l'intransigeance des internationalistes, les extravagances de langage et de plume cherchent à imposer à la France comme un dogme soi-disant républicain, et qui n'est qu'un outrage à son patriotisme.

Le soleil luit, heureusement, encore sur le pays, qui, avide d'actions et de gloire, finira enfin par se ressaisir pour encolonner sa réputation sur les ruines que les pacifistes ont cherché à accumuler pour essayer d'y enfouir le drapeau national. Le dévouement sera alors le mot d'ordre. On n'aura pas le temps de jeter un regard en arrière pour voir les traces de corruption, des palinodies, de toutes les infamies politiques qui ont marqué la fin du siècle dernier et le commencement du vingtième.

Les arguments employés contre la guerre et l'armée ne trompent personne, parce que s'il est permis de croire, jusqu'à un certain point, à une pacification que peuvent admettre l'idéal humanitaire et l'esprit de parti, elle est repoussée par les instincts de la race.

Aussi, aux monomanes de la nouvelle doctrine, si bien accueillie dans le monde où l'on fait une guerre acharnée à la religion, au capital, à l'armée, aux organisateurs syndiqués du désarmement, aux théoriciens parlant au nom de l'humanité, aux instructeurs des futurs francs-fileurs, je dirai :

« Le jour où, malgré notre prudence, la France se verra obligée d'avoir recours aux armes, elle se montrera résolue et criera à tous : « On « nous attaque, combattons avec notre dernier « homme, notre dernier fusil, notre dernier sou. » Chaque citoyen saura qu'il n'aura le choix qu'entre une mort glorieuse et la cour martiale.

La conférence de 1869, dont il a été parlé, a engagé à entreprendre cette réfutation contre les utopies qui, de nos jours, tendent, comme à la veille de l'ouverture des hostilités, en 1870, à faire renoncer aux rêves de gloire, qui sont un garant de l'honneur du pays. Je la compléterai par une citation empruntée à une admirable petite étude, due à la plume d'un pasteur : *Pour la France et de bon cœur! Conseils à un soldat* (1).

« Si l'on te dit que la guerre est impie et qu'en servant tu l'approuves, réponds que la meilleure garantie de paix c'est une armée toujours puissante par le nombre, par la science, par la discipline.

« Le service militaire est un devoir sacré! Pour l'accomplir facilement et bien tu dois l'accomplir de bon cœur.

« Si l'on te dit que tu n'es là que pour tuer, réponds que tu es là pour défendre ton pays, que le soldat qui tue sur le champ de bataille, exposé lui-même à être tué, n'est pas un meurtrier, mais un héros. »

Fénelon, uniforme dans la douceur de sa conduite et dans son exactitude à remplir les devoirs de son épiscopat, répond à son élève, le duc de Bourgogne, qui commandait une armée et lui demandait « s'il avait le droit de faire camper ses troupes à côté d'un monastère de

(1) Berger-Levrault, éditeurs.

filles » : « Mettez à sac, s'il le faut, le couvent de filles, mais gagnez la bataille. »

Voilà des procédés qui ne peuvent manquer de révolter les croisés contre *l'école du meurtre.* Ils voudront bien accorder des circonstances atténuantes à l'évêque de Cambrai, puisqu'il ne s'agissait que d'un couvent.

II

Au chapitre XII du *Siècle de Louis XIV*, Voltaire dit, à propos de la deuxième campagne de Turenne : « Il faut avouer que ceux qui ont plus d'humanité que d'estime pour les exploits de guerre gémirent de cette campagne si glorieuse; elle fut célèbre par les malheurs des peuples autant que par les expéditions de Turenne. Après la bataille de Seintzheim, il mit à feu et à sang le Palatinat, pays uni et fertile, couvert de villes et de bourgs opulents. L'Électeur palatin vit, du haut de son château de Mannheim, deux villes et vingt-cinq villages embrasés : ce prince, exaspéré, défia Turenne à un combat singulier, par une lettre pleine de reproches. Turenne ayant envoyé la lettre au Roi, qui lui défendit d'accepter le cartel, ne répondit aux plaintes et au défi de l'Électeur que par un compliment vague et qui ne signifiait rien. »

Si l'Électeur palatin n'a pas été l'instigateur de la guerre, il en a été le partisan le plus dévoué. Aussi, sa conduite explique les représailles dont il sera bientôt la victime. Pour lui, tous les moyens sont bons; pour nous, les plus terribles seront les meilleurs. Les mesures qui ruineront son pays ne seront pas prises seulement à cause de son manque de courtoisie envers nos prisonniers, mais aussi pour punir paysans et chenapans obéissant aveuglément aux ordres cruels donnés par leur souverain. Les principes d'humanité sont chose rare à la guerre; le vainqueur pardonne difficilement les faits isolés qui ont pu nuire à son entreprise.

Le Palatinat a payé la haine de son souverain pour la France. Sa ruine a eu pour but d'empêcher une armée ennemie de subsister dans un pays voisin que nos armées étaient en train de conquérir. N'était-ce pas de la bonne guerre? Le caractère de Turenne est un sûr garant de la nécessité de ces mesures, qui peuvent étonner de sa part, mais sans chercher à amoindrir ce qu'il pouvait y avoir d'odieux.

Dans une de ses *Chroniques des Cours et Chancelleries*, Léouzon-Leduc rappelle la violence des journaux allemands qui, pendant la dernière guerre, n'ont cessé de reprocher à la France cet incendie : « Eh bien, dit-il, l'incendie du Palatinat a été beaucoup moins notre fait que celui des troupes anglaises à notre service. Ensuite, ce n'a été, avant tout, qu'un acte de représaille. Il n'y avait pas de cruautés excessives auxquelles ne se livrassent les habitants du Palatinat pour faire souffrir les soldats qui tombaient entre leurs mains. Ils en pendaient quelques-uns la tête en bas, ou bien les brûlaient à petit feu et les laissaient mourir ainsi sans les étrangler. Ils arrachaient le cœur et les entrailles de ceux qui étaient en vie ou leur crevaient les yeux.

« Les Allemands modernes n'ont-ils pas commis des terreurs analogues sur nos francs-tireurs, notamment à Nuits-en-Bourgogne ? »

Sans remonter si haut dans l'histoire, on trouve à chaque pas des traces laissées par les grands pontifes de l'humanité, dans leur marche vers un idéal dont l'horizon, par un singulier phénomène, s'éloigne de plus en plus lorsque les prophètes de la félicité terrestre annoncent que l'heure est proche où les armées permanentes disparaîtront et que l'« École du meurtre » a, enfin, fait son temps.

Avec toute l'adresse et l'audace possible, les

amis de la paix à tout prix, les croisés du bonheur des peuples ont en réserve, quelques clichés qu'ils ne manquent pas de sortir lorsque l'occasion se présente de rabaisser les qualités guerrières du peuple français en faisant ressortir celles pleines de mansuétude des ennemis qu'il a à combattre.

Lors de l'interpellation sur le Maroc, le grand pontife de l'humanité, le cardinal des socialistes, a trouvé un terrain favorable pour exposer, une fois de plus, ses grandes théories sur les horreurs de la guerre, montrer son antipathie pour le commandement, sans oublier de glorifier « la magnifique Allemagne ». Dans sa harangue, cet apôtre du « mensonge de la revanche » a poussé un cri d'indignation en parlant de la barbarie française, qu'il n'a pas craint d'opposer à la civilisation marocaine. Il ne faut jamais avoir mis le pied sur le sol africain pour oser représenter les Numides modernes comme des anges de douceur pendant et après le combat, de véritables ligueurs de la charité au milieu de la mêlée, des consolateurs près de leurs prisonniers.

J'ai vécu assez longtemps en Algérie, pour avoir entendu souvent le récit de la conquête, écouté les échos des souffrances de nos soldats échappés aux mains des barbares, pour protester contre les allégations portées à la tribune du Palais-Bourbon par un soi-disant philanthrope qui, les pieds sur les chenets, dans une villégiature agréable, parle des misères des uns, des revendications des autres, sans jamais penser à mettre sa fortune au service des malheureux et des égarés qui, s'ils venaient à lui manquer, lui ôteraient le plus clair des moyens d'entretenir sa faconde oratoire, dont les actions commencent singulièrement à baisser. Il doit s'apercevoir que le *bis repetita placent* n'est plus de mode dans sa clientèle ahurie.

Tous les moyens lui sont bons pour poursuivre sa campagne de calomnie contre les officiers, dont la conduite fait l'admiration de la France honnête et généreuse, de cette France qui n'a rien de commun avec les énergumènes reniant leur patrie pour mieux satisfaire leur ambition, leurs intérêts, leurs appétits, se posant en grands réformateurs de la société, dont ils ne sont que les perturbateurs dangereux.

L'orateur a parlé de champs incendiés, de l'aveugle cruauté de nos soldats, et, donnant cours à son imagination, s'est lancé dans des aperçus à perte de vue sur la pénétration pacifique qui, du jour au lendemain, aurait soumis tout le pays. Il ignore donc que, lors de la conquête de l'Algérie, la sécurité de nos postes et des tribus fidèles n'a été assurée que grâce à des moyens énergiques, qui amenaient la soumission des régions jusqu'alors insoumises.

Les généraux de cette époque n'ont pas été plus épargnés que ceux d'aujourd'hui. On peut en trouver un exemple frappant dans les attaques que le futur duc de Malakoff a eues à supporter à propos de l'incendie des grottes d'Ouled-Riah.

Dans les guerres civiles, il est vraiment étrange de voir avec quelle facilité toutes les calomnies dont les officiers sont l'objet, trouvent crédit dans le peuple, avec quel aveuglement on a tendance à prendre fait et cause pour les insurgés contre les chefs, qui font leur devoir sans se préoccuper des qu'en-dira-t-on. La calomnie est toujours l'arme employée en ces circonstances.

Le 13 avril 1834, le général Bugeaud commandait les troupes de Paris, concurremment avec les généraux Tourton, Rumigny et de Lascours. Lors de l'émeute, un massacre eut lieu au n° 12 de la rue Transnonain : qui jeta cette barrière de terreur entre l'insurrection et la monarchie? Le général Bugeaud fut accusé, par la rumeur publique, d'avoir donné l'ordre de cette exécution.

Cette odieuse imputation a été, de suite, repoussée par le général. Elle se renouvela, après la Révolution de 1848, alors que l'on ne tenait aucun compte de ses succès en Afrique. Le maréchal écrit alors au ministre de la guerre, pour démontrer qu'il n'avait point opéré dans la rue Transnonain, ni même aucune fraction des troupes qu'il commandait, ajoutant que, loin de se montrer féroce, il avait laissé sauver de mauvais traitements, et même peut-être de la mort, une foule de prisonniers. L'homme qui avait souvent éprouvé l'enthousiasme de la victoire ne pouvait descendre à donner des ordres barbares. Rien n'a manqué à sa gloire. La violence et l'injustice de ces attaques l'ont rehaussé encore dans l'estime du pays.

En Crimée, en Italie, en Algérie, au Mexique, à Sedan, le général de Galliffet a prouvé, dans ses différents commandements, qu'il était officier français, rien de plus.

Après la répression de la Commune, que le sang des généraux Clément Thomas et Leconte, celui des otages et l'incendie de Paris ont marquée, à tout jamais, du sceau de la barbarie, le général a vu s'acharner après lui les chevronnés du scandale militaire. Les forts en thème de la presse, les bacheliers de la bave et de la salive, les professionnels du *Combat contre Galliffet,* ne l'ont pas plus épargné que Bugeaud. Pendant plus de trente ans, on n'a pas cessé d'exhumer les cadavres des Fédérés pour alimenter une polémique à l'écart de laquelle « le tigre altéré de sang » a eu la sagesse de se tenir. Le silence ne s'est fait que lorsque les accusateurs, qui mordaient à pleine dent dans cette réputation militaire, ont trouvé une autre guitare. Ils ont oublié, alors, les morts, qui sortaient de leurs tombeaux pour crier vengeance, et à qui ils ont dû brûler pas mal de chandelles de reconnaissance. Comme il méprisait les ficheurs, il s'était également aliéné les chevaliers de la déconsidération publique et les amis de la paix, pour avoir dit que la gloire, qui grandit un peuple et lui permet de porter la tête haute, était due à l'énergie guerrière qu'il a perdue.

Que l'on prenne l'histoire de la guerre des rues, on établira facilement la balance des responsabilités des deux côtés de la barricade. La participation de l'armée dans les grèves prouve, une fois de plus, que les sympathies populaires vont généralement aux perturbateurs de la tranquillité publique, pendant que les critiques ne manquent pas aux défenseurs de l'ordre. C'est une conséquence forcée de l'état des esprits tendant à faire maudire le métier militaire à la nation, qui s'étiole dans les douceurs d'une longue paix.

Dans la conclusion de *Rhin*, ouvrage publié en 1842, Victor Hugo avoue que, s'il n'était Français, il aurait voulu être Allemand, et dit qu'il attend candidement l'avenir serein de l'humanité, qui s'imposera par l'union de l'Allemagne et de la France pour mettre un frein à la puissance envahissante de l'Angleterre et de la Russie. Le salut de l'Europe sera alors assuré, et, comme conséquence, la paix du monde. Le récit si intéressant de son voyage sur les bords du Rhin, est rempli de cette idée que, « dans un temps donné, la France aura sa part du Rhin et ses frontières naturelles, seule solution pour constituer l'Europe, sauver la sociabilité humaine et fonder la paix définitive ».

Si je fais allusion à cette publication, c'est qu'on y trouve aussi une opinion qui doit singulièrement gêner les défenseurs de ce que l'on a appelé la civilisation marocaine, opposée à la barbarie française. « Chose étrange à dire et pourtant bien vraie, ce qui manque à la France à Alger, c'est un peu de barbarie. Les Turcs allaient plus vite, plus sûrement et plus loin; ils savaient mieux couper les têtes. La première chose qui frappe le sauvage, ce n'est pas la raison, c'est la force. »

Le célèbre écrivain va jusqu'à dire que l'esprit militaire, avec les qualités chevaleresques, qui font l'appui de la sociabilité, doit être encouragé. Du haut du ciel, sa demeure dernière, il a dû bondir en voyant un soi-disant cardinal de l'humanité se lancer dans le pathos le plus vulgaire pour prendre en main la défense des Numides modernes, qui, lors de la révolte de Fez et dans bien d'autres circonstances, ont prouvé à quel degré de barbarie ils poussaient leur haine contre les *roumis*, qu'ils auraient exterminés jusqu'au dernier si officiers et soldats avaient fait preuve de mansuétude à leur égard.

« Quand il s'agit, a écrit M. de Mun, pour une troupe de vaincre ou de périr, alors il n'y a plus de choix. Il faut frapper et frapper vigoureusement. Le jour du sabre est à l'action, le lendemain seul est à la miséricorde. » Par mille exemples, empruntés à nos annales militaires, je prouverais le bien-fondé de cette vérité que, de tous les temps, la clémence a eu des attaches sérieuses dans le cœur des guerriers combattant pour leur patrie, qu'ils faisaient honorer de l'ennemi par des traits d'humanité.

On n'en est pas arrivé à cette fusion des intérêts de tous les peuples, que quelques esprits ont rêvée et qui doit assurer, selon eux, une paix universelle et éternelle. Aussi a-t-on besoin d'exalter les vertus guerrières, que les faiblesses du gouvernement et le développement du bien-être tendent à diminuer de plus en plus. La valeur des armées se perpétue par la tradition, et leur histoire est la première instruction qu'on puisse donner, en temps de paix, en s'élevant contre la maxime à l'ordre du jour prétendant que le citoyen perd l'amour de la patrie et des institutions dès qu'il est enrégimenté, discipliné.

L'armée, pleine de confiance dans ses chefs, pleine d'ardeur, ne demande qu'à marcher de l'avant et, sans perdre de temps, doit se préparer comme si on était à la veille d'une guerre. Quant au législateur, il doit avoir toujours présente à l'esprit cette vérité émise par Bugeaud le lendemain d'Isly : « Pour faire la guerre en Afrique, il faut y déployer des forces dont l'absence en Europe pourrait être un immense danger pour le pays. »

Le patriotisme frémit quand on entend parler de l'abolition des armées permanentes, nier la puissance de leur ordre, de leur discipline, de leur esprit de corps, de leur instruction guerrière, de toutes ces choses enfin, qui portent l'âme et l'ensemble dans la multitude et fait que, sous la main d'un général habile, une immense armée soit comme un seul homme.

Cette erreur, que l'histoire combat à chaque page, pourrait devenir fatale pour la France si le poison des doctrines antimilitaristes contaminait plus longtemps la nation, s'acclimatait dans les mœurs pour, de là, pénétrer dans les veines de l'armée.

Un appel au secrétaire de Florence : « La guerre et les institutions qui la concernent sont le seul objet auquel un prince doive donner ses pensées et son application; c'est là la vraie profession de quiconque gouverne; et par elle, non seulement ceux qui sont nés princes peuvent se maintenir, mais encore ceux qui sont nés simples particuliers peuvent sûrement devenir princes. C'est pour avoir négligé les armes et leur avoir préféré les douceurs de la mollesse qu'on a vu des souverains perdre leurs États. Mépriser l'art de la guerre, c'est faire le premier pas vers la ruine; le posséder parfaitement, c'est le moyen de s'élever au pouvoir. »

Si ce langage paraît par trop archaïque, on rappellera celui que le philosophe Fichte tenait à Berlin, le lendemain d'Iéna :

« Si vous prenez des résolutions viriles, vous

verrez s'ouvrir devant vous un avenir plein de dignité, et le peuple allemand rendra son nom le plus glorieux de tous et régénérera le monde. Mon discours a pour but de fonder le vrai patriotisme, tout-puissant pour la conception de notre nationalité immortelle. »

Ne pouvant rien pour le présent, les gouvernants prussiens firent tout pour l'avenir, et, s'associant pratiquement à cette politique, les écrivains, le peuple, se mirent à l'œuvre de la réparation du désastre. C'est avec ce mémorable patriotisme que la fortune militaire de la Prusse a été rétablie pour, en 1870-1871, prendre glorieusement sa revanche par l'abaissement de la France.

Ici, plus de quarante ans après la guerre, on demande la réduction des effectifs, parle du « mensonge de la revanche », de l'immoralité du service militaire, pour arriver à la suppression de l'armée permanente, s'imposant par le mouvement dit populaire en faveur de la paix à tout prix.

Comme J.-J. Rousseau avait raison, quand, refusant au peuple la clairvoyance et la prévoyance, il disait : « C'est une multitude aveugle, qui ne sait ce qu'elle veut, parce qu'elle sait rarement ce qui lui est bon. »

Dans la thèse que je soutiens je suis heureux de trouver des arguments dans le bagage littéraire, marqué au coin de l'Académie Française, pour montrer quel est le danger qui, à l'heure actuelle, menace la France.

A propos de *Tribun*, M. René Doumic a tracé, dans sa chronique théâtrale de la *Revue des Deux-Mondes*, un tableau frappant de la lutte qui existe entre le passé et le présent et, par une série d'inductions et de déductions rapides, établit un parallèle pour défendre la civilisation contre des doctrines convulsives, qui se réduisent à un bric-à-brac d'utopies, présentées dans un dévergondage parlé et écrit, qui trouve créance dans le public :

« Il se joue, en ce moment dans notre pays, et, dit-on, dans tous les pays de la vieille Europe, un grand drame où nous sommes tous acteurs en même temps que spectateurs. Il a pour objet la lutte qui se poursuit entre toutes les forces de destruction coalisées et tout ce que notre passé nous a laissé d'institutions chères et sacrées. Pendant des siècles, nous avons vécu sur un idéal, qui réunissait dans une complexité harmonieuse et dans un tout indissoluble ces éléments : religion, patrie et famille. Cet idéal a-t-il fait son temps? doit-il céder la place à un autre dont l'heure serait venue? Ou, au contraire, est-il le seul dont nous puissions nous recommander, en sorte que sa disparition ne laisserait, après elle, que des ruines? La résistance est opiniâtre, si l'attaque est à la fois violente et méthodique. Il ne s'agit de rien moins que d'une civilisation qui ne veut pas mourir, d'un monde qui lutte pour la vie. De là vient cette atmosphère de combat, que nous sentons peser sur nous et qui rend notre époque si dramatique, au sens propre du mot, puisque drame signifie combat. »

On peut avoir de la tristesse : du découragement? Non.

Un *sursum corda* semble prouver que la réflexion est enfin venue, dans les villes comme dans les campagnes, pour se rendre compte que l'on a travaillé à déployer la tyrannie en cherchant la liberté, qu'il est difficile de s'y reconnaître dans les insurrections qui sont un devoir et celles qui sont un crime, de prendre au sérieux les flatteries des politiciens et de croire à la sincérité du suffrage universel. On commence à repousser, avec indignation, les doctrines insensées, trompeuses, criminelles qui ont fait la force du régime que la France a depuis trente ans. On met alors ses espérances dans l'armée; on revient à la grande institution, si décriée encore hier, et l'on ose, enfin, parler de guerre, sans pour cela se croiser contre la paix, mais une paix honorable permettant de mettre un bouquet à la coiffure, dont le pompon sera redoré.

Indépendamment des productions classiques des écrivains de l'antiquité, Homère, Xénophon, Hérodote, Tacite, Tite-Live, Suétone et Végèce, des œuvres des chroniqueurs du Moyen Age et de la Renaissance, Commines, Froissard, Brantôme, Montluc, Machiavel, et d'autres encore, un grand nombre d'auteurs ont développé des principes de sciences militaires, que les temps ont pu modifier sans jamais en diminuer la portée. Au premier rang de ces règles immuables, on placera la *force morale*, sans laquelle il n'y a aucune entreprise possible avec chance de succès.

Richelieu attachait une importance capitale à cette question. Il y revient souvent dans ses billets à Servien, à de Noyers. Montecuculli, Feuquières, Folard comme, plus tard, Lloyd, Guibert, Venturini, Bulow, Jomini, Clausewitz, ont traité le même sujet, donné une grande place, dans leurs écrits, à l'*Éducation du Soldat*, au point de vue de la constitution sérieuse du rôle de l'armée, du rôle qu'elle a à remplir dans la préparation à la guerre et sur le champ de bataille.

Les données du problème ont été énumérées

par celui que l'on considère comme le dernier des professeurs de guerre qu'ait eus l'armée française contemporaine. Dans ses *Aperçus sur quelques détails de la guerre*, le futur vainqueur d'Isly disait :

« La force morale m'a toujours paru au-dessus de la force physique; on la prépare en élevant l'âme du soldat, en lui donnant l'amour de la gloire, l'honneur régimentaire, et, surtout, en rehaussant le patriotisme, dont le germe est dans les cœurs. Aux hommes ainsi préparés, il est aisé de faire faire de grandes choses, quand on a su gagner leur confiance. Pour l'obtenir, il faut remplir envers tous ses devoirs, s'en faire des amis, causer souvent avec eux sur la guerre et leur prouver qu'on est capable de les bien conduire. Il faut raisonner avec vos soldats des guerres passées, leur citer les actions d'éclat de nos braves, exciter chez eux le désir de les imiter et faire, en un mot, ce que votre intelligence pourra vous suggérer pour leur donner l'amour de la gloire. »

C'est ce que ne veulent pas comprendre les disciples d'une école politique, qui amalgament dans leurs programmes des préceptes de sociologisme et d'humanitarisme, négation flagrante du « Si vis pacem, para bellum ». Ces pousseurs de portes du temple de Janus n'admettent pas que l'officier soit seul « l'éducateur » des hommes à qui il pourra demander les plus grands sacrifices. On lui adjoint des civils, pour pourrir la racine de l'arbre, dans des *conférences éducatives du civisme*, qui ne peuvent amener que la stérilité des idées sociales de solidarité, de mutualité, de bien-être, de confort.

Dans la préface d'une étude consacrée au *Combat* et empruntée à Ardant du Picq, on lit :

« La mission guerrière de la France n'est pas plus finie que la guerre elle-même. Ses duretés peuvent être déplorées, mais la justice précaire des tribunaux d'arbitrage, encore débiles et dépourvus de sanction, n'a pas supprimé son intervention dans les querelles terrestres. Je ne crois pas que mon pays soit pressé de se soumettre à la destinée inférieure flétrie, avec un mépris superbe, par Donoso Cortès :

« Quand un peuple montre pour la guerre une « *horreur civilisatrice*, il reçoit aussitôt le châ« timent de sa faute; Dieu change son sexe; il le « dépouille du signe public de la virilité, qui le « change en peuple femme, et lui envoie des « conquérants pour lui ravir l'honneur. »

La France subit, quelquefois, le joug des dialecticiens subtils, qui prêchent l'abstention totale, répandent, avec une furie démente, le catéchisme délétère des capitulations, glorifient la honte et l'humiliation, poussent stupidement au suicide. Les mâles conseils d'Ardant du Picq sur le combat sont aussi d'admirables leçons pour le réveil national. Puisqu'elle doit, tôt ou tard, reprendre son épée oisive, que la France apprenne de lui à se bien battre pour elle-même et pour l'humanité.

L'auteur des *Études sur le Combat* a fait appel à l'antiquité. J'emprunterai une citation aux *Découvertes de la Guerre*, du Chevalier Folard : « C'est uniquement à leur discipline militaire que les Romains doivent leur élévation, et c'est à la corruption de cette même discipline qu'il faut attribuer leur décadence, comme celle des autres grands empires. Car c'est par elle que les États se relèvent ou tombent dans le mépris, parce que le courage et la science viennent d'elle. »

Que l'on médite sur la seizième *Observation* de Napoléon dans le *Précis des Guerres du Maréchal de Turenne.*

« Achille était fils d'une déesse et d'un mortel, c'est l'image du génie de la guerre. La partie divine est tout ce qui dérive des considérations morales, du caractère, du talent, de l'intérêt de votre adversaire, de l'opinion, de l'esprit du soldat, qui est fort et vainqueur, faible et battu, selon qu'il croit l'être. La partie terrestre, ce sont les armes, les retranchements, les positions, les ordres de bataille, tout ce qui tient à la combinaison des choses matérielles. »

Si l'on regarde la guerre comme une saignée salutaire, comme un réveil de l'énergie, ou comme un arrêt abominable de l'évolution humaine, un fléau du monde, elle apparaît, quand même, avec la consécration de l'histoire, comme le seul appareil susceptible d'entretenir le feu sacré du patriotisme, en forçant les peuples à se maintenir constamment dans l'attente des événements d'où dépendront leur grandeur ou leur décadence, pour les faire bénéficier, après, des bienfaits de la paix, jusqu'à ce qu'une nouvelle secousse vienne mettre leur énergie à l'épreuve.

Aussi, ne doit-on jamais négliger de prendre en considération les avertissements qui viennent de l'extérieur, là où les abords du temple de Janus sont militairement gardés pour en maintenir les portes toutes grandes ouvertes.

Le général allemand Bernhardi a écrit : « La première guerre éclatera sans prodromes avertisseurs autres qu'une tension diplomatique. » On est donc averti; il ne reste plus qu'à se tenir sur le qui-vive, à « ouvrir l'œil », comme dirait le troupier.

En présence de la constitution militaire

actuelle de la France, j'aurai recours, non à une lumière de la politique, mais encore à Napoléon qui, au chapitre III du *Précis des Guerres de Jules César*, dit : « Toute nation qui perdrait de vue l'importance d'une armée de ligne perpétuellement sur pied, et qui se confierait à des levées ou des armées nationales, éprouverait le sort des Gaules, mais sans même avoir la gloire d'opposer la même résistance, qui a été l'effet de la barbarie d'alors et du terrain, couvert de forêts, de marais, de fondrières, sans chemins, ce qui le rendait difficile pour la conquête et facile pour la défense. »

Au dernier paragraphe du livre XIII des *Annales*, Tacite dit : « Cette même année, le figuier ruminal, qu'on voit au Comice, celui qui, huit cent quarante ans auparavant, avait couvert l'enfance de Romulus et de Rémus, perdit toutes ses branches et son tronc se dessécha, ce qu'on regardait comme sinistre : mais il poussa de nouveaux rejetons. »

Au moment où une rosée bienfaisante couvre le sol de la patrie pour assainir l'atmosphère, chargée de miasmes qui atrophient les cœurs et rouillent les armes, on sent davantage combien on a besoin de fortifiants pour rassembler tous les éléments de vigueur, exalter le sens national de l'idée de patrie, exciter l'amour de la race et le goût de l'héroïsme. Ayons confiance dans l'avenir, qui ne peut être assuré, effectivement et moralement, que par la qualité des troupes et la supériorité intellectuelle des chefs.

Aussi, le regretté général Langlois se croyait-il autorisé à dire, dans son discours de réception à l'Académie Française : « Cette armée, que nous aimons tous si passionnément, se recueille, travaille, se prépare en silence à de graves événements toujours menaçants. Le jour où elle devra répondre à l'appel de la patrie en danger, calme, fière, consciente de sa force, sûre d'elle-même, elle se dressera et hardiment pourra dire : Je suis prête. »

III

MOURIR POUR LA PATRIE

Le soldat affronte la mort, pour un laurier imaginaire, dans la carrière chevaleresque de la gloire. Le clairon, de sa voix aujourd'hui affaiblie et mourante, retentira plus fort après la tempête.

(Lord BYRON, *Childe-Harold.*)

MOURIR POUR LA PATRIE

I

En 1824, Victor Hugo écrivait en tête des *Odes :*

« Le poète se rappellera toujours, ce que ses prédécesseurs ont trop oublié, que lui aussi a une religion, une patrie. Ses chants célébreront sans cesse les gloires et les infortunes de son pays, les austérités et les ravissements de son culte, afin que ses contemporains recueillent quelque chose de son génie et de son âme et que, dans la postérité, les autres peuples ne disent pas de lui : « Celui-ci chantait dans une terre barbare. »

In qua scribebat, barbara terra fuit !!

Aussi, avec l'éloquente exactitude du génie, le poète a exprimé le caractère du respect que les peuples ont pour ceux tombés au champ d'honneur :

Ceux qui pieusement sont morts pour la patrie,
Ont droit qu'à leur cercueil la foule vienne et prie;
Entre les plus beaux noms, leur nom est le plus beau.
Toute gloire près d'eux passe et tombe éphémère.
Et, comme ferait une mère,
La voix d'un peuple entier les berce en leur tombeau.

Dans l'*Énéide*, Virgile a tracé le tableau du bois où les guerriers grecs et troyens prolongent, dans la vie infernale, les occupations guerrières de leur vie terrestre.

Dans les *Feuilles d'automne*, Victor Hugo représente son père, dans une autre existence, retrouvant ses anciens compagnons de l'armée impériale :

Car, sans doute, ces chefs pleurés de tant de larmes,
Ont, là-bas, une tente. Ils y viennent le soir
Parler de guerre. Au loin, dans l'ombre, ils pensent
Flotter de l'ennemi les enseignes rivales, [voir
Et l'Empereur, au fond, passer par intervalles.

Une doctrine prétend que tout ce qui a existé est détestable et affirme que tout ce qui est nouveau est nécessairement excellent. On ne veut pas distinguer la tradition, qui est profitable, et la routine qui sera toujours pernicieuse.

On ignore, ou feint d'ignorer, que ce n'est pas avec des figures de rhétorique ou des rêveries philosophiques qu'Arndt, Fichte, Scharnhorst, Humboldt, Stein, d'autres encore après eux, ont préparé à leur pays la revanche d'Iéna.

Si j'ai fait allusion à l'indifférence avec laquelle le pays supporte les conséquences du traité de Francfort, c'est que je trouve, dans le caractère national, une disposition flagrante à s'acclimater aux mœurs politiques, qui accueillent assez favorablement les principes d'une école rejetant dédaigneusement l'idéal qui, pendant des siècles, a réuni dans une complexité harmonieuse et un tout indissoluble, la patrie, la famille, la religion, idéal qui, s'il disparaissait, ne laisserait après lui que des ruines.

Puisque le mot de « famille » vient d'être écrit, je me reporterai à l'année qui a précédé la guerre. Avec quelle autorité Jules Simon a traité la question, dans une réunion publique, pour montrer quel était le devoir des mères lorsque la patrie appelait tous ses enfants sous les armes.

L'orateur s'élève contre l'égoïsme de la famille : « Quand les femmes ne savent pas dire à leur fils : « Je t'aime, je t'adore, j'aimerais « mieux mourir que de te perdre; eh bien! la « patrie, l'humanité ont besoin de toi, va com-

« battre ! » quand la mère ne sait pas dire cela, il n'y a plus de patrie, et il y a alors deux morales dans la famille, comme on dit quelquefois qu'il y a deux morales en politique : la morale du père qui commande le sacrifice pour la patrie et pour la justice, et la morale restreinte de la mère, dont l'horizon est borné par la famille, et qui ne sait pas ce que c'est que de mourir et, au besoin, de mourir deux fois en laissant mourir ceux que l'on aime, si le devoir, la patrie l'ordonnent, si l'humanité l'exige. »

Après avoir défendu éloquemment une cause si noble, que Démosthène, Horace, Montaigne, Victor Hugo, beaucoup d'écrivains célèbres, de grands philosophes avaient faite leur, il adresse un appel au peuple pour donner l'exemple de l'honneur : « Ceux-là marchaient les premiers à la bataille et, le drapeau à la main, ils savaient s'élancer pour mourir, s'il le fallait, devant leurs régiments. »

Puis Jules Simon se rappelle qu'il a combattu, de ses déclerations pacifiques, le projet Niel sur le recrutement, alors qu'il proclamait, du haut de la tribune du Corps législatif, « qu'il n'y avait qu'une chose qui rendait l'armée invincible, la Liberté ! » Immédiatement, il rassure les mères sur le sort de leurs enfants, qu'il vient de lancer sous le feu de l'ennemi. « Nous, qui n'avons plus de batailles que pour lutter d'atelier à atelier, qui n'avons plus que les batailles de l'intelligence, nous la pensée, nous la raison, nous la démocratie, ayons la vertu et imposons par là à l'ennemi le respect. Oui, peuple, c'est ta vertu qui est ton avenir, et la source sacrée d'où toutes les vertus jaillissent, la famille. »

Le temps n'a pas tardé à lui faire tomber le bandeau des yeux. Lorsqu'il a pris place dans le Gouvernement de la Défense Nationale, il a pu se rendre compte que les idées, la pensée, la vertu comme la raison et la liberté, étaient des engins sans valeur sur le terrain des opérations militaires, où l'ennemi avait des munitions, les seules à prendre en considération pour mettre à l'épreuve l'héroïsme des mères dans le sacrifice de leurs enfants, appelés à défendre la patrie. Son *mori te salutant* n'avait donc qu'une valeur littéraire, qui pèse bien peu dans la balance des destinées d'un peuple, que la guerre seule règle au point de vue de sa sécurité politique.

La mort glorieuse ! mot qui fait bondir de rage les énergumènes qui déclarent hautement, aux applaudissements de la galerie, qu'ils ne « donneront jamais une goutte de sang, un centimètre de leur peau pour cette mégère que l'on appelle la patrie ! » esprits égarés, aujourd'hui porte-parole des revendications humanitaires, qu'ils agrémentent à la sauce de l'internationalisme, de l'antimilitarisme, sous le couvert de la lâcheté. Pour eux, la défense sociale prime la défense nationale; ils trouvent qu'en stérilisant le sentiment patriotique à coups de grosse caisse, de poudre jetée aux yeux des badauds, on est certain de recueillir les palmes du martyre, ou les situations les plus élevées dans l'ordre gouvernemental. En un mot, comme il a été déclaré dans un prétoire, « on ne doit pas s'en tenir à une vaine critique des armées permanentes, mais on doit s'attaquer à la racine même du mal, à ce que les bourgeois appellent patrie ».

Je donnerai l'opinion d'un général sur cette question de la mort des guerriers, question que tant de passions diverses ont controversée. Le général Cherfils, l'entraînant chef de cavalerie, ne vivant que pour la guerre, ignorant la politique et ses intrigues, soldat dans l'âme, cavalier par tempérament, a été, comme son illustre ancien, Geslin de Bourgogne, sacrifié à de pitoyables jalousies et de basses rancunes. Maniant aussi bien la plume que l'épée, il a mis au service de l'armée sa haute intelligence et, comme autrefois, il fait passer, dans l'âme de ceux qui le lisent, cette foi sans laquelle tout effort demeure frappé de stérilité.

C'est avec une poignante émotion que je cite cette belle page de la *Revue de Cavalerie*, numéro de décembre 1909, dans laquelle il donne son appréciation sur l'impression finale de la bataille de Sedan, impression qui dénote, aujourd'hui, les craintes que les doctrines actuelles font naturellement germer dans l'esprit de l'auteur, comme dans celui de tous les officiers, qui ne ménagent pas le concours de leurs efforts pour prouver qu'ils sont prêts à offrir leur vie en holocauste pour le bon renom de l'armée, l'honneur de la France :

« Au milieu des incohérences, des fautes de cette journée, et malgré quelques actes de défaillance isolés, il se dégage le réconfort d'un spectacle de vaillance, d'héroisme, où tous les généraux, Ducrot en tête et Galliffet, donnent le plus noble exemple.

« Il reste aussi l'impression consolante que, toutes les fois que notre infanterie s'est portée en avant, elle a fait reculer l'adversaire sous la seule poussée de troupes même très inférieures en nombre.

« En 1870, l'armée ne savait ni marcher ni combattre; elle ignorait tout ou, plus exactement, elle avait tout oublié du métier de la guerre et de la manière forte dont la faisait Napoléon. Mais elle savait encore une chose : elle savait mourir.

« Grâce à la perfection très avancée de notre préparation intellectuelle, nous saurons marcher et combattre; seulement, toute notre science ne nous serait d'aucun secours si, par malheur, nous avions désappris à mourir. Dieu veuille que ce vent d'antimilitarisme, qui souvent n'est que de la lâcheté déguisée sous le nom pompeux d'antipatriotisme, cesse ses ravages et que les pouvoirs responsables se préoccupent de ne pas laisser tarir les sources morales où s'alimente l'esprit de confiance et de sacrifice, sans lequel il n'y a ni victoire ni salut.

« Enfin, il y a encore une moralité suprême, qui se dégage de la méditation de cette bataille plus que de toutes les autres, et qui est faite pour humilier les coupables théories des pacifistes. C'est que l'histoire ne s'écrit qu'avec du sang. Il semble que la ponctuation de son écriture rouge soit faite de coups de canon.

« C'est à Sedan que s'est effondré un empire et que s'en est fondé un autre. C'est du sang des Prussiens, des Bavarois et des Saxons qu'est faite la prospérité actuelle, sur terre et sur mer, de la grande Allemagne. C'est de ce jour que nous avons, depuis bientôt quarante ans, une attitude de vaincus et que notre virilité nationale s'est sentie amoindrie.

« Seul commande à l'histoire et assure la destinée florissante de son expansion, le peuple qui s'appuie sur une armée puissante et qui a dans sa main la force capable de vaincre.

« Il ne suffit pas de se résigner à se défendre, il faut être capable de prévenir l'attaque.

« Qu'on mesure à la lumière de cette vérité le danger que font courir à la France les coupables doctrines antimilitaristes qui, après avoir diminué la discipline et la force morale de l'armée, menaceraient, si l'on n'y porte pas remède l'existence même, non de l'armée, mais de la patrie, qui ne peut exister que par l'armée. *Cedant arma togæ* est un sophisme pompeux, dont le seul mérite est d'être écrit en latin. Craignons d'appliquer trop avant cette formule, dont les conséquences seraient désastreuses, et observons que la moitié de la force de l'armée allemande réside dans la confiance qu'elle puise à la source du respect et des honneurs dont elle est jalousement entourée.

« Le pacifisme conduit à l'antimilitarisme, l'antimilitarisme à l'antipatriotisme et ce dernier au néant, où s'effondrerait la patrie. A un poison aussi mortel, il faut appliquer un antidote. L'antidote du pacifisme, c'est le militarisme, c'est-à-dire le culte de respect, de confiance et d'honneur dont il faut entourer l'armée.

« Méditons la prophétique parole du philosophe : « Quand un peuple montre pour la « guerre une horreur coupable, Dieu le change « en un peuple femme et lui envoie un vainqueur « qui le viole. »

« Ne devenons pas le peuple femelle que l'on viole. Restons le peuple mâle capable d'attaquer pour mieux se défendre, le peuple de nos seize siècles d'histoire; gardons les vertus guerrières qui ont fait la France et qui peuvent seules la maintenir terrible et respectée.

« On ne respecte que les forts. »

Cette horreur pour la guerre est la caractéristique de notre époque au point de vue des avantages qu'en retire, depuis bien longtemps, un certain parti politique, qui a mis la main sur la direction à donner aux affaires de l'État.

II

L'esprit de conservation personnelle, que l'on avait l'habitude d'englober dans le terme générique de *lâcheté*, paraît un sentiment très honorable aux idéologues et politiciens, qui s'extasient devant le beau geste du conscrit refusant de toucher à son fusil, couvrant d'applaudissements la parole d'un député déclarant que « ses amis et lui feront appel à la grève des réservistes et à l'insurrection si les fautes commises par notre diplomatie nous engageaient dans une guerre ».

Défendre la gloire nationale et le sol de la patrie est considéré, aujourd'hui, comme une des hérésies des plus dangereuses. On ne dresse pas encore des bûchers pour livrer aux flammes les hommes qui en sont les disciples, mais on les excommunie comme des perturbateurs, qui travaillent au déclin moral et social de la nation. Il n'est plus permis de parler de la France sans passer pour un gêneur. Chaque jour, on voit tomber une pierre nouvelle de l'édifice militaire, que les pionniers de l'internationalisme s'empressent de remplacer par des boulettes de papier où sont inscrites leurs revendications.

En présence de la désorganisation de l'armée, à laquelle les pacifistes attachent un si grand prix, nous ne pouvons mieux entrevoir l'avenir qu'en invoquant le passé; je citerai donc une lettre que le maréchal de Tessé adressait à la duchesse de Bourgogne sur l'état des troupes du Pape : « Comme il n'a pas voulu exposer ses vieilles troupes, sans savoir si elles avaient volonté d'aller à la guerre, on leur a dit de sa part que ceux qui craignaient le meurtre dans leur personne ou dans celle d'autrui, pouvaient ne pas marcher, et que Sa Sainteté les conserverait avec demi-paie auprès de sa personne. De six cents cavaliers, à qui l'on fit cette proposition *très raisonnable*, vingt-cinq seulement préférèrent d'aller à la guerre et le reste n'a pas voulu marcher. »

J'emprunterai, à *Grandeur et Décadence des Romains*, un passage qui n'est pas déplacé dans une étude où il est question de patrie, question qui, avec celle de religion, n'aurait pas besoin, dans un temps autre que le nôtre, d'être discutée. A Rome, la religion n'était-elle pas considérée comme le meilleur garant que l'on puisse avoir des mœurs des hommes? Il y avait ceci de particulier, que les Romains mêlaient toujours le sentiment religieux à l'amour qu'ils avaient pour la patrie.

Voici la citation qui donne une idée de la politique générale :

« Tous les gens qui avaient eu des projets ambitieux, avaient travaillé à mettre une espèce d'anarchie dans la République. Pompée, Crassus et César y réussirent à merveille. Ils établirent une impunité de tous les crimes publics. Tout ce qui pouvait arrêter la corruption des mœurs, tout ce qui pouvait faire une bonne police, ils l'abolirent; et, comme les bons législateurs cherchent à rendre leurs concitoyens meilleurs, ceux-ci travaillaient à les rendre pires; ils introduisirent donc la coutume de corrompre le peuple à prix d'argent; et, quand on était accusé de brigues, on corrompait aussi les juges; ils firent troubler les élections par toutes sortes de violences; et, quand on était mis en justice, on intimidait encore les juges; l'autorité même du peuple était anéantie, témoin Galinius qui, après avoir rétabli, malgré le peuple, Ptolémée à main armée, vint froidement demander le triomphe. »

Il est naturel de s'arrêter sur cette citation, conforme à ce qui peut être dit sur les temps peu éloignés où l'on a tout corrompu, tout gangrené, jusqu'à l'homme nu du conseil de revision. N'entend-on pas nier le mérite à être courageux, et cela dans des milieux où l'éducation morale du soldat tient une place bien infime dans les préoccupations de certains individus parlant d' « affaire de tempérament, d'inintelligence du danger » et arrivant à démontrer, par des théories scientifiques, qu'on ne peut demander à l'homme de troupe qu'un effort ne dépassant pas le *très petit possible*, que l'ampoule au pied peut encore atténuer. On oublie trop que le repos de la troupe est fait de la veille du chef, que la quiétude du chef est faite de sa proximité immédiate de la troupe. Enseigner, maintenant, c'est lutter.

Avec quel plaisir on revient à Montesquieu :

« Les Romains parvinrent à commander à tous les peuples, non seulement par l'art de la guerre, mais aussi par leur sagesse, leur prudence, leur amour pour la gloire et la patrie. Lorsque, sous les empereurs, toutes ces vertus s'évanouirent, l'art militaire leur resta, avec lequel, malgré la faiblesse et la tyrannie de leurs princes, ils conservèrent ce qu'ils avaient acquis. Mais, lorsque la corruption se mit dans la milice, ils devinrent la proie de tous les peuples.

« Un empire, fondé par les armes, a besoin de se soutenir par les armes; mais, lorsqu'un État est dans le trouble, on n'imagine pas comment il peut en sortir; de même, lorsqu'il est en peines, et qu'on respecte sa puissance, il ne vient pas à l'esprit comment cela peut changer; il néglige donc la milice dont il croit n'avoir rien à espérer et tout à craindre et, souvent même, il cherche à l'affaiblir. »

Montesquieu ne s'est-il pas inspiré de la satire, demeurée célèbre, de Sulpicia, de cette femme restée si pure en des temps corrompus?

L'empereur Domitien avait une haine profonde pour la philosophie et l'histoire. Il fit périr ou exila les écrivains et sévit contre la pensée même, et fit brûler, sur le Forum, les écrits suspects, à la place même où se tenaient les *Comices* au temps de la République. « Apparemment, dit Tacite, on se flattait aussi d'anéantir dans ces flammes la voix du peuple romain, la liberté du Sénat, la conscience du genre humain; on bannit, en outre, les philosophes, on exila les talents généreux : avait-on peur de rencontrer encore à Rome quelque chose d'honnête? Certes, nous avons été des modèles de patience; l'ancienne Rome a vu les excès de la liberté, nous avons connu, nous, ceux de la servitude. L'espionnage avait supprimé la faculté de parler et d'entendre; avec la parole, nous eussions perdu jusqu'à la mémoire, si l'oubli nous eût été aussi facile que le silence. »

Le temps n'était plus où l'on plaçait au premier rang les intérêts de la patrie. Dans sa satire sur la philosophie proscrite par Domitien, Sulpicia a des accents virils pour montrer que l'énergie guerrière et la sagesse de la paix ont seules permis à Rome d'élever si haut la tête. Tant qu'elle a joui avec prudence, avec douceur, des fruits conquis sur terre et sur mer par tant de batailles, elle a appuyé sa puissance sur cette base, sans laquelle elle ne pouvait maintenir sa grandeur. Puis arrive l'heure de la décadence.

« Le vieux Caton, dit-elle, dans sa divine sagesse se demandait avec inquiétude si ce n'était pas l'adversité plus que le succès qui maintenait si fort les enfants de Rome? Oui, c'était l'adversité : quand l'amour de la patrie, quand l'épouse tremblante près du foyer domestique leur mettent aux mains des armes pour se défendre, les citoyens s'empressent comme les essaims d'abeilles au dos fauve, qui, raidissant leurs dards, chassent les guêpes descendues des combles de Junon Monéta : puis, quand l'abeille revient, oubliant son ennemi, ce petit peuple néglige ses rayons, languit et meurt avec la mère abeille, dans une énervante oisiveté. Une longue paix, c'est là ce qui pèse sur les enfants de Rome, c'est ce qui les tue. »

Si j'ai reporté les yeux en arrière, c'est afin de chercher, dans les œuvres d'écrivains célèbres, des exemples capables de prouver que, à toutes les époques, l'amour dominant de la patrie, la bonne constitution de l'état militaire étaient les seuls éléments moraux et pratiques susceptibles d'assurer la grandeur et la tranquillité des nations, ce qui permet de dire, avec Josèphe, que la paix doit être un exercice préparant aux méditations de la guerre.

L'armée de Crimée a donné une preuve de l'efficacité de ce mot d'ordre qu'elle n'a jamais oublié : « Mourir pour la patrie, c'est la mort glorieuse et digne d'envie. »

Pour les Russes, l'allocution de Mentchikoff, au moment de l'action de l'Alma, s'est appliquée à toute la guerre. « Depuis le général jusqu'au soldat, depuis l'amiral jusqu'au mousse, tous doivent être déterminés à soutenir le combat jusqu'à la dernière extrémité, le combat jusqu'au manche du couteau. »

C'est cette ardeur qui enflammait tous les regards, c'est cette volonté unanime qui animait tant de milliers d'êtres destinés à succomber. Cette obéissance passive, cette placide résignation du soldat, ont été pour les alliés un obstacle aussi redoutable que les armées qui se renouvelaient. C'est, également, avec l'énergie de la guerre que Pélissier est venu à bout d'une nation dont la force morale était le complément précieux de ses gros et solides bataillons.

La guerre sanglante et opiniâtre, qui a mis en présence les deux armées ennemies, a prouvé, une fois de plus, que le génie de la diplomatie était, souvent, moins puissant que celui des armes, qui a couvert d'une gloire commune les deux adversaires.

Avec quelle joie, quel entrain, je laisse la

bride sur le cou à ces souvenirs, lorsqu'ils rappellent les jours de misère, de peine, de privations, toujours enguirlandés de succès, de gloire, passés sur le plateau de Chersonèse, où la consigne générale, écoutée, exécutée, était de mourir pour la patrie!

Dans la guerre entre la Turquie et le Monténégro, en 1862, les montagnards furent victorieux en plusieurs rencontres. Les blessés étaient portés à bras, à Cettigné, par les femmes. Le 23 avril, un correspondant de l'*Illustration* écrivait : « On souffre, on prie, on meurt dans la sérénité de la foi, dans le silence et la résignation. Quand un Monténégrin expire, on n'entend que ce mâle et vigoureux adieu : *Mort pour la patrie*, et les femmes dévorent leurs larmes, car ici, on ne pleure que les lâches. »

Le *Prince* de Machiavel est, d'après J.-J. Rousseau, « le premier livre des républicains ». On peut porter le même jugement sur ses *Discours sur les Décades de Tite-Live.* Entre un grand nombre de chapitres, également remarquables par l'enthousiasme pour la liberté, j'en citerai un où, après avoir parlé de la passion que les anciens peuples avaient pour elle, le Secrétaire de Florence recherche pourquoi les peuples modernes n'ont pas le même enthousiasme pour sa cause.

Voici un passage du chapitre II, livre II :

« Il semble que la morale nouvelle a rendu les peuples plus faibles, et a livré le monde aux scélérats audacieux. Ils ont senti qu'ils pouvaient, sans crainte, exercer leur tyrannie en voyant l'universalité des hommes disposés, dans l'espoir du paradis, à souffrir tous les outrages plutôt que de s'en venger.

« On peut dire, cependant, que si le monde s'est énervé, si le ciel n'ordonne plus la guerre, ce changement tient plutôt, sans doute, à la lâcheté des hommes, qui ont interprété la Religion selon la paresse et non selon la vertu; car, s'ils avaient considéré qu'elle permet la grandeur et la défense de la Patrie, ils auraient vu qu'elle veut également que nous aimions et que nous honorions cette patrie, et qu'il fallait aussi que nous nous préparassions à devenir capables de la défendre.

« Ces fausses interprétations, qui composent l'éducation, sont la cause que l'on ne voit plus au monde autant de républiques que dans l'antiquité et que, par conséquent, il n'existe plus, de nos jours, autant d'amour pour la liberté. »

Machiavel s'élève donc contre l'antimilitarisme.

Le patriotisme cosmopolite est une plaisanterie du même genre que la Religion rationnelle, que le collectivisme individuel.

III

Chaque année, on organise des pèlerinages sur les champs de bataille où furent, il y a près d'un demi-siècle, dans des batailles et des combats, décidés le sort de la France, la mutilation de son territoire. Ces cérémonies patriotiques réveillent de tristes souvenirs, mais réconfortent les cœurs en pensant que les leçons du passé ne sont pas lettres mortes dans les espérances légitimes qui hantent l'esprit d'une grande partie des populations. Les hommages que l'on rend à la mémoire des vaillants tombés au champ d'honneur ne peuvent faire oublier les conditions déplorables dans lesquelles la lutte fut engagée entre les deux peuples. Une fois l'heure des émotions passée, on envisage, non sans effroi, l'état d'âme de la nation au point de vue de son indifférence dans les mesures à prendre pour ne pas retomber dans les mêmes fautes et rendre à la défense nationale la force réelle dont elle aura besoin le jour où les frontières seront éclairées par les feux des bivouacs.

Comme sous l'Empire et à la veille des hostilités, on fait preuve d'une grande confiance. Mais il ne suffit pas de rendre justice à la valeur des troupes qui ont succombé à Sedan et Metz, pour ne parler que des deux grands actes de cette sinistre tragédie, de vanter leur endurance et de dire, ce qui est vrai, qu'elles eussent assuré la victoire sous un autre commandement, parfois criminel. Il est nécessaire, après comme avant ce pèlerinage aux tombes de nos soldats, d'envisager le présent, de juger ce qui se passe avec les yeux et non avec les préférences politiques, d'agir en Français, non en opportuniste, radical, radical-socialiste, en partisan de telle ou telle mode de gouvernement, alors que les préoccupations personnelles sont placées au-dessus du salut de la Patrie qui, si on n'y prend garde, ne se trouvera pas plus prête à faire face à l'envahisseur qu'elle ne l'a été en 1870, parce qu'elle aura été affaiblie par un calcul de vulgaires ambitions.

Un homme politique, journaliste hors de pair, M. Jules Delafosse, est dans le vrai quand il dit : « Nous dépensons en réclames électorales, en créations chimériques, en controverses exaspérantes, en querelles de sectes ou de partis, des ressources et des énergies qui donneraient à la France des forces inexprimables, si elles n'étaient employées qu'à la servir. »

Dans une circulaire, en date du 12 septembre 1905, il est dit : « Il est possible, à propos des fêtes régimentaires, d'honorer les morts et de

Les médecins jugèrent l'état très grave, tout en conservant quelque espoir. Je ne le sus que le mardi et ne le vis que le mercredi. Il avait toute sa connaissance. Nous causâmes de vous tous. Le jeudi matin, il y eut quelque amélioration; mais le soir, l'état s'aggrava et le vendredi 28, à 10^h 30 du matin, il nous quitta. Je le vis, une heure après, les traits reposés, comme dormant sans souffrance. Vous avez dû recevoir une lettre du Père franciscain, où il vous dit que de lui-même, dès le premier jour, Adrien avait désiré le voir, que chaque jour ils avaient causé, et que c'est en pleine connaissance qu'il avait reçu les sacrements. Ce Père, qui a été parfait, était profondément touché des sentiments et de la foi d'Adrien. Je sais que c'est là pour vous la plus haute des consolations, la seule.

Je pense à vous de tout mon cœur. J'ai un tel chagrin de penser que ce cher petit, dont j'avais la charge, est mort près de moi, sans que j'aie rien pu pour vous le conserver, au moment même où je me réjouissais tant de le retrouver sous mes ordres. Jamais vous ne saurez assez quelles sympathies, quelle estime l'entouraient chez ses chefs comme chez ses chers hommes.

Ses obsèques, célébrées par le Père franciscain, ont été bien touchantes. Son camarade, le lieutenant Rimk, le général Brulard, moi-même, lui avons adressé notre dernier adieu, où j'ai évoqué votre pensée à tous et celle de son père.

Je mets à vos pieds, Madame, l'hommage de ma respectueuse et profonde compassion.

Général LYAUTEY.

Le culte du souvenir se manifeste chaudement dans les provinces annexées, depuis 1871, à l'empire d'Allemagne. Il suffit de lire le discours que M. l'abbé Wetterlé, député de Colmar au Reichstag, a prononcé, à Gravelotte, lors de la cérémonie commémorative du 16 août. En voici des extraits :

« Cérémonie douloureuse, mais aussi réconfortante, puisqu'elle prouve que nos populations ont su garder le culte du souvenir.

« Le souvenir n'est pas, en effet, une de ces plantes éphémères qui, chaque année, s'étiolent et meurent. Il est le chêne vigoureux qui plonge ses puissantes racines dans les siècles les plus reculés.

« Notre histoire ne date pas d'hier, elle commence le jour où l'ancêtre primitif prit possession du sol encore inoccupé. Notre mentalité n'est pas faite des seuls apports du présent, elle se compose de toutes les joies et de toutes les douleurs, de toutes les gloires et de toutes les épreuves de nos pères. Personne n'a le droit de construire un mur entre ce qui est et ce qui fut, et de substituer la mémoire de ses héros à celle des nôtres.

« Rien de plus légitime que les sentiments qui nous animent pendant ces cérémonies du souvenir : et la reconnaissance pour les victimes du plus sacré des devoirs, et l'admiration pour leur esprit de sacrifice, et la volonté de faire comme eux honneur aux saines traditions de notre race.

« Un peuple qui n'aurait pas le culte de ses morts ne serait pas digne de vivre. En honorant leur mémoire, il ne se fige nullement dans de stériles regrets, il va simplement retremper ses énergies présentes aux sources mêmes de la race.

« Parmi ces souvenirs, ceux de la dernière grande guerre sont, malgré tout, réconfortants. Les soldats de France — et la France de ce temps-là c'était nous — n'ont pas démérité de leurs ancêtres. Leur courage et leur endurance leur eussent assuré la victoire sous un commandement plus intelligent et parfois moins criminel. Même dans la défaite, ils surent mériter l'admiration de leurs adversaires. Qui ne se souvient du cri d'admiration qu'arracha au roi de Prusse la charge des cavaliers commandée par le général Margueritte : « Ah ! les braves gens ! »

« Mais nous ne sommes pas ici pour faire revivre tous ces glorieux souvenirs. Nos hommages doivent aller tout d'abord aux soldats qui ont arrosé de leur sang le sol sur lequel nous nous trouvons.

« Je relisais, ces jours derniers, dans le remarquable ouvrage du lieutenant-colonel Rousset, sur la guerre de 1870-1871, le tragique récit des batailles qui se sont livrées autour de Metz. Ah! l'émouvante, la poignante épopée!

« Avec quel entrain ils s'élançaient au-devant de la mort, ces vaillants petits soldats que les premiers revers avaient exaspérés. Quelle inébranlable confiance ils gardaient dans cette victoire, qui avait été si fidèle à leurs drapeaux sur les champs de bataille du Mexique, de la Crimée et de l'Italie!

« Ils avaient, exceptionnellement, le 16 août, la supériorité du nombre. Ils occupaient d'excellentes positions. Les approvisionnements étaient surabondants. L'ennemi, grisé par le succès facile de Borny, s'était imprudemment engagé au delà de la Moselle. Sur la route de Verdun, le faible rideau de deux corps d'armée prussiens s'opposait seul à la marche en avant des troupes françaises.

« A 3 heures la bataille était gagnée du côté de Rezonville. Pour se donner un peu d'air, le général prussien avait dû lancer sa cavalerie dans cette célèbre « chevauchée de la mort » dont mon collègue ici présent, M. Kubler, fut le témoin et un peu aussi la victime.

« A 5 heures, il eût encore été facile d'enfoncer la gauche de l'armée prussienne.

« Et c'est au moment où l'enthousiasme gonflait toutes les poitrines, au moment où on pouvait, au prix d'un léger effort, prendre une revanche éclatante de tous les revers antérieurs, au moment où la face de la guerre allait brusquement changer, qu'obstinément, malgré les protestations des officiers et des hommes, fut donné l'ordre de la retraite par un général félon, qui plaçait ses préoccupations personnelles au-dessus du salut de la patrie et dont les combinaisons politiques, louches et tortueuses allaient livrer la France à l'envahisseur.

« Nous avons le droit et le devoir, nous autres qui sommes devenus la rançon de la patrie mutilée, de déposer sur les tombes des obscurs héros de cette journée l'hommage de notre admiration, et nous le faisons avec tout le respect que mérite le courage trahi par la fortune.

« Pour nous, c'est une consolation de constater que la France d'alors ne succombait pas au manque de dévouement de ses enfants, mais aux honteux calculs d'une vulgaire ambition.

« En terminant, vous me permettrez, Messieurs, d'adresser, pour nos soldats tombés au champ d'honneur, une prière à celui qui, dans les Livres Saints ne s'appelle pas seulement le Dieu de toute bonté et de toute consolation, mais aussi le Dieu des armées; parce que si la guerre est, suivant un mot célèbre, détestée par les mères, il est cependant des heures dans l'histoire où il faut de toute nécessité recourir au glaive pour faire triompher la cause du droit.

« Le prince des théologiens, saint Thomas, dit que le soldat, qui meurt pour la patrie, est un martyr. Rien de plus juste; car le martyr est celui qui sacrifie sa vie dans l'exercice d'une vertu, et n'est-ce pas une des plus belles vertus que d'aimer sa patrie jusqu'à en mourir, dans la pleine conscience de l'immolation librement acceptée.

« A nos morts nos prières, à eux notre gratitude et notre admiration, à eux, malgré la défaite, qu'ils n'avaient pas méritée, les palmes de la gloire.

« L'œuvre du Souvenir a élevé un superbe monument sur leurs tombes; mais celui que notre génération et aussi les générations de l'avenir leur dresseront dans leur cœur sera encore plus digne de leur héroïsme; car il sera cimenté par l'amour reconnaissant et buriné par la volonté de perpétuer à travers tous les âges la mémoire de leurs généreux exemples. »

Je saisis avec empressement cette occasion pour envoyer un salut cordial au delà des Vosges à nos chers compatriotes, momentanément sujets de l'Allemagne, pour leur dire combien je les félicite, ici, de leur ténacité à ne pas désespérer, leur répéter combien je suis en communion d'idées avec eux dans leurs angoisses quotidiennes comme dans leurs saintes espérances. Mais il faut avoir le courage de dire tout haut à la France ce que murmurent tout bas ceux qui l'aiment d'un amour fervent et désintéressé. J'ai accompli un devoir en montrant ce qui retarde l'heure tant désirée.

Un mot sur l'inauguration du monument que le *Souvenir Français* et la *Sabretache* ont fait élever en l'honneur des braves de la Grande Armée, sur le terrain même où ses héroïques soldats ont donné des preuves de leur incomparable bravoure. Je tiens à remercier de suite, aussi chaleureusement qu'il est possible de le faire, les deux sociétés qui poursuivent, avec tant de dévouement, l'œuvre d'élever des tombes, d'entretenir celles qui existent en France, aux colonies, à l'étranger, à la mémoire de nos compatriotes, des vaillants tombés mortellement frappés au service du pays.

La cérémonie de Borodino a eu lieu avec une grande solennité militaire, encadrée par la foule accourue de toutes les provinces de l'empire pour donner une preuve éclatante de sa sympathie à une puissance amie. Le son des cloches, le roulement des tambours, les fanfares ont salué l'arrivée du souverain et de sa famille, la présence de la délégation française, pour réveiller, dans les cœurs, les échos affaiblis des hauts faits d'armes, qui ont scellé d'une gloire immortelle, lumineuse, les héros de cette « chevauchée de la mort », de tous les chefs et soldats des deux armées, morts dans cette campagne de Russie, où les adversaires ont lutté de bravoure, de dévouement pour le bon renom de leur patrie, exemple qui sera suivi, plus tard, lors de la guerre de Crimée.

La main dans la main, et dans une fraternelle accolade, Russes et Français ont tenu à montrer en quelle patriotique estime ils tenaient la valeur militaire, les vertus guerrières, glorieux apanage des combattants de la Moskowa, héritage qu'ils sauront dignement consèrver, comme le font nos troupes au Maroc, en attendant l'heure tant désirée où il sera permis de donner effectivement cours à de justes revendications.

Si l'âme guerrière et intrépide des aînés, à la mémoire de qui l'on est resté fidèle, plane comme une ombre protectrice sur leurs cadets, elle entraînera, je n'en doute pas, fortifiera le peuple dans une espérance, qui sera la réponse à faire à une école politico-sociale, dont les agissements sont considérés comme la négation absolue de la patrie.

De Borodino à Waterloo, Sedan, Mars-la-Tour, partout, les monuments commémoratifs, élevés à la mémoire de nos armées, rappelleront ces vers de Casimir Delavigne :

Les morts erraient dans l'ombre et ces cris : Guerre !
S'élevaient de leurs tombeaux. [Guerre !

Mais pour que ce cri soit entendu, il ne faut pas oublier cette sanglante apostrophe de celui qui, en son temps, a été appelé le poète national, le poète de la patrie. Dans sa *Messénienne* sur la bataille de Waterloo, Casimir Delavigne dit :

Ils avaient tout dompté... Le destin des combats
Leur devait, après tant de gloire,
Ce qu'aux Français, naguère, il ne refusait pas :
Le bonheur de mourir dans un jour de victoire.

Ah ! ne les pleurons pas ! Sur leurs fronts triom-
La palme de l'honneur n'a pas été flétrie ; [phants
Pleurons sur nous, Français, pleurons sur la Patrie ;
L'orgueil et l'intérêt divisent ses enfants.

Quel siècle en trahison fut jamais plus fertile?
L'amour du bien commun de tous les cœurs s'exile :
La timide amitié n'a plus d'épanchemens;
On s'évite, on se craint, la foi n'a plus d'asile,
Et s'enfuit d'épouvante au bruit de nos sermens.

Comme je ne suis ni de ceux qui nient, ni de

ceux qui affirment, mais de ceux qui espèrent, je ferai encore appel à la poésie pour dire, avec Victor Hugo, dans l'*Hymne des Chants du Crépuscule* :

Gloire à notre France éternelle !
Gloire à ceux qui sont morts pour elle !
Aux martyrs, aux vaillants, aux forts !
A ceux qu'enflamme leur exemple,
Qui veulent place dans le temple,
Et qui mourront comme ils sont morts.

Péroraison du discours de réception, à l'Académie française, de M. Raymond Poincaré, élu en remplacement de M. Gebhart :

« En cette Florence, qui lui a été si chère, les Guelfes brillaient entre les Gibelins, les Guelfes blancs contre les Guelfes noirs, le peuple maigre contre le peuple gras, et Machiavel trouvait dans ces divisions perpétuelles la preuve la plus décisive de la puissance florentine. C'est qu'au milieu des pires discordes, un même sentiment rapprochait, malgré tout, les partis opposés et les faisait communier, au moment critique, dans l'amour de la cité. Ne maudissons pas trop ces querelles intestines, si elles ne sont que le signe de notre vitalité nationale, et si elles laissent intacte, dans les âmes françaises, la RELIGION DE LA PATRIE. »

Réflexions qui ne détruisent en rien la portée de cette réponse du général Langlois à l'allusion qui avait été faite, dans un banquet radical-socialiste, à la situation présente de l'armée :

« La politique, introduite dans l'armée, a fait son œuvre néfaste en la coupant en deux et mettant, à la tête de certaines unités, des chefs qui n'inspirent ni confiance, ni affection. La délation a détruit ou fortement entamé l'esprit de solidarité et d'estime réciproque si nécessaire. La Doctrine, établie par nos règlements, n'est encore ni bien comprise, ni pratiquée par toutes nos troupes, faute d'une impulsion supérieure, unique et active. Notre corps d'État-major, absorbé par ses travaux de chancellerie, n'est pas suffisamment préparé à son rôle de guerre.

« Tout cela est malheureusement vrai et la nation doit le savoir pour qu'il y soit remédié, ce qui est possible, en un temps relativement court. »

L'honneur français ne s'est jamait démenti dans les camps et, si l'on trouve quelques rares exceptions, elles disparaissent sous la moisson de reconnaissances, dont bénéficient les braves qui ont préféré la mort au déshonneur. On citera un exemple à l'appui de ce que l'histoire apprend et l'on en donnera un autre pour montrer combien la marine a contribué aussi à entretenir, dans le cœur des siens, un sentiment d'abnégation qui est, si l'on peut s'exprimer ainsi, l'a b c des devoirs militaires.

Dans le courant de septembre 1912, on lisait dans les journaux :

« En 1862, dans le port de Maltezzana, de l'île de Stampalia, fut élevé un monument à la mémoire de l'enseigne de vaisseau français Bisson et de plusieurs de ses marins.

« Dès que la marine italienne occupa l'île, les officiers jugèrent dans quel état de déplorable abandon se trouvait le monument, endommagé de coups de pioche, la croix abattue.

« Avec un sens d'opportunité sympathique, l'amiral Viale, ayant obtenu l'adhésion du ministre de la Marine, décidait de faire concourir les marins à la réparation du monument pendant que le navire-atelier *Vulcano* s'occuperait de construire une plaque décorative qu'on placerait sur le monument comme hommage à la mémoire des compagnons d'armes (*commilitoni*) français morts dans l'accomplissement de leur devoir et comme témoignage des liens qui unissent les marins.

« Dans la matinée du 9 août a eu lieu, en présence de l'amiral Viale, des autres amiraux présents et des commandants des navires, d'une centaine d'officiers et de 500 marins, une cérémonie solennelle pour l'inauguration de la plaque commémorative.

« Le commandant en chef de la force navale italienne a, en termes élevés, rappelé la bravoure des marins français, et spécialement de leur commandant Bisson, lequel, voyant son brick *Panayoti* sur le point d'être pris par les pirates, se fit sauter, entraînant dans la mort tous les combattants.

« Au moment où l'on a découvert la plaque, la musique a joué la *Marseillaise* et l'*Hymne royal;* un piquet présentait les armes.

« La plaque, fixée au monument en éternel souvenir de l'hommage spontané des marins à la mémoire des héroïques compagnons d'armes français, est en bronze, en forme d'écu romain, avec une épée de légionnaire en sautoir, et porte l'inscription suivante :

Virtuti patriæ que fidei italica classis dicavit.
Augusto 1912.

« M. Delcassé, ministre de la Marine, profondément touché de ce témoignage de sympathie de la marine italienne, a adressé à notre attaché naval à Rome le télégramme suivant :

« Veuillez exprimer au ministre de la Marine

mes sentiments de profonde reconnaissance et ceux de la Marine française pour la manifestation de sympathie de la flotte italienne, sous le commandement de l'amiral Viale, devant le monument de Bisson, dans l'île de Stampalia. »

De plus, il a adressé, dans une circulaire aux commandants de nos forces navales et aux préfets maritimes, le compte rendu ci-dessus, qui « devra être affiché dans nos ports et à bord de nos bâtiments, afin que l'acte sympathique de leurs camarades italiens soit porté à la connaissance de tous les marins français. »

Qui ça Bisson?

C'était un lieutenant de vaisseau, dont le navire captura, en 1827, sur les côtes de Syrie, un bâtiment pirate monté de 70 forbans. C'était le brick *Panayoti,* dont il reçut le commandement, qui, le 4 novembre, fut obligé de chercher un abri sous la petite île de Stampalia, sur la côte d'Asie Mineure. Dans la nuit du 4 au 5 novembre, des pirates s'en emparent. Devant l'impossibilité de lutter contre eux, ne voulant pas rendre le bâtiment qu'il commande, il va dans la chambre où sont les poudres, y met le feu. L'explosion anéantit le *Panayoti*, qui coula instantanément, entraînant dans l'abîme son chargement de forbans et son héroïque capitaine.

En présentant à la Chambre le rapport sur le projet de loi accordant une pension à la sœur de ce vaillant, M. Royer-Collard ajoutait : « Se dévouer pour la victoire, mourir pour son pays, à la vue des siens, dans l'ivresse du combat, si c'est, en France, une vertu peu rare, c'est toujours valeur et générosité.

« Mais préparer à loisir sa dernière heure pour garder et venger son drapeau, s'ensevelir dans un triomphe, qui devait être ignoré, c'est là de l'héroïsme d'un cœur tout français. »

Quelle vibrante et magnifique allocution du capitaine de vaisseau Simon, commandant supérieur de la flottille de torpilleurs et de sous-marins, lors des obsèques des victimes du *Vendémiaire* :

« Dormez et reposez-vous dans le grand sommeil éternel. Vous avez noblement rempli votre tâche, puisque vous avez donné votre vie pour le pays.

« Ne pleurez pas trop, familles inconsolées ! Oui, votre douleur est grande, mais elle est de celles qui portent en elles leur fierté et leur consolation, car ceux que vous pleurez sont morts dans l'accomplissement de leur devoir, et il y a là-haut une miséricorde et des récompenses pour ceux qui meurent dans le service.

« Et vous, mes camarades, que j'ai vus à

l'œuvre pendant quatorze mois et à qui je parle aujourd'hui pour la dernière fois, gardez les belles qualités d'entrain, de discipline et d'intrépidité calme et sereine, que nous ont léguées nos pères et qui forment l'armature des cœurs bien trempés, de ceux qui, après avoir toute leur vie combattu pour le drapeau, s'éteignent dans un dernier battement pour l'honneur et pour la patrie. »

Qu'on laisse donc le sourire railleur aux « hommes très forts », qui ne croient à rien, à l'humanité sa mission et ses actes, au patriotisme ses chaudes émotions, à l'armée ses vertus guerrières qui, au milieu de la fumée des champs de bataille, va de bon cœur en avant, faisant le sacrifice de sa vie pour la gloire du pays qui, lui aussi, dira avec le poète :

A ton premier appel, prêt à prendre les armes,
Prêt, à ton premier signal, à recevoir la mort.

Un homme, dans l'excellente acception du mot, comprend ce qu'il y a de grand, de magnifique, dans cette abnégation pleine et entière, que des insensés osent contester malgré les grands sacrifices de nos pères qui, jusqu'à la mort, sont restés fidèles à la fière devise : Honneur et Patrie. Aussi doit-on toujours interroger le passé pour y trouver des leçons pouvant servir au présent et en vue de l'avenir. C'est là le seul moyen de continuer, par son application, la tradition des grands faits de la vie militaire.

Dans un ouvrage anglais des plus remarquables, *Le Caractère* (1), l'auteur, Samuel Smiles, dit que les grands travailleurs et les grands penseurs sont les véritables auteurs de l'histoire, qui n'est autre chose que la continuation de l'humanité influencée par des hommes de grand caractère, par de grands capitaines, des rois, des prêtres, des hommes d'État et des patriotes, la véritable aristocratie humaine.

De tels hommes sont la véritable sève de la nation à laquelle ils appartiennent. Ils l'élèvent et la soutiennent, la fortifient et l'ennoblissent, et répandent sur elle la gloire de l'exemple qu'ils lui ont légué. « Le nom et la mémoire des grands hommes, dit un habile écrivain, sont le domaine d'une nation. Chaque fois que la fibre patriotique commence à battre plus fort..... les héros morts surgissent dans la mémoire des vivants et leur apparaissent comme une solennelle approbation. Un pays ne peut être

(1) Traduction de Mme Deshorties de Beaulieu. Plon, éditeur.

perdu lorsqu'il se sent contemplé par de si glorieux témoins. Ils sont comme le sel de la terre, dans la mort aussi bien que dans la vie. Ce qu'ils ont fait, leurs descendants ont le droit de le faire, et leur exemple sert dans leur patrie de stimulant et d'encouragement pour ceux qui ont le courage de les imiter (1). »

« Le patriotisme chérit la mémoire et l'exemple des grands hommes du temps passé; de ceux qui, par leur souffrance pour la cause de la religion ou de la liberté, ont acquis pour eux-mêmes une gloire immortelle et pour leurs descendants ces privilèges et ces institutions libres, dont ils sont les héritiers et les possesseurs. »

On complétera cette citation en disant, avec Albert Sorel, lorsqu'il parle des bons serviteurs de la France : « Aucun d'eux n'eût osé dire : « Je suis la France »; mais, de tous, nous dirons : « Sans eux la France n'eût pas été ce qu'elle est. »

Le souvenir de ceux qui sont morts pour la patrie, celui des temps héroïques sont la cause du courage de chaque génération. Il n'y a qu'un peuple avili qui peut oublier, pour arriver, bien vite, à la résignation après la défaite. N'est-ce

---

(1) *Blackwod's Magazine,* juin 1863, article Ghirolamo Savonarola.

pas ce qui arrive lorsque la moralité politique est basée sur l'immoralité morale? Alors, le mot sublime de Léonidas est rayé du livre d'or de l'éducation du peuple, remplacé par ce verset du catéchisme de la couardise, officiellement approuvé à l'usage de l'armée : « Les officiers, qui parlent de l'esprit militaire et cherchent à donner des idées de discipline et de sacrifice, célèbrent la bravoure des soldats et disent que rien n'est plus beau que de donner sa vie pour le pays, ces officiers sont des retardataires et ne connaissent pas les beautés de la nouvelle doctrine, de la doctrine humaine de la paix à tout prix! »

N'est-ce pas vouloir condamner la France à mourir que de lui inculquer de si odieux principes? Aussi, on ne peut terminer sous une pareille impression et l'on se réconfortera en citant un autre chapitre de la petite brochure : *Pour la France et de bon cœur* (1), due à la plume du pasteur protestant, M. Messine, attaché autrefois, à l'École de Saint-Cyr : « AU FEU! »

« Voici comment le soldat français s'y comporte.

« C'est, à l'armée du Rhin, le porte-drapeau Pierre Cornu. Enveloppé par l'ennemi, qui veut

(1) Berger-Levrault, éditeurs.

lui prendre son étendard, il se débat, tue le chef et dit aux autres : « Vous ne l'aurez qu'avec « ma vie. »

« C'est, dans les Flandres, le caporal Morel. Pendant une reconnaissance, il tombe au milieu d'un poste autrichien, qui le menace de mort s'il bronche. Il ne bronche pas; mais, nouveau d'Assas, il crie d'une voix forte : « Capitaine, « feu, feu sur l'ennemi ! » et donne aux Français le temps d'accourir.

« Telle cette sentinelle, en Espagne, — et combien d'autres ! — qui, des soldats s'étant élancés sur elle en lui disant : « Ne fais pas de « bruit, il ne te sera fait aucun mal, » crie, elle aussi : « Aux armes ! » et sauve l'armée.

« C'est au passage du Mincio, le caporal Marcher qui, voyant son commandant blessé et des hommes en train de le dépouiller avant de l'achever, court à lui, repousse les bandits, le charge sur son dos et le met hors de danger.

« C'est l'un et l'autre de ces deux *trainglots*, en 1870, égarés au milieu des combattants et qui demandent à combattre avec eux, mais au premier rang, sous prétexte que leurs mousquetons ne portent pas assez loin.

« C'est le chasseur François Mallet qui, blessé au bras gauche, dit à son voisin : « Mets-moi « ma baïonnette, il faut que l'ennemi me paie

« ma blessure. » Tel cet autre, le sergent David, qui retire avec son couteau une balle reçue dans les entrailles, en charge son fusil et dit aux camarades : « Je vais la leur rendre. »

« C'est le sergent Blandan, en Afrique. Porteur d'une correspondance, il est assailli avec ses quelques hommes, — une vingtaine, — par deux ou trois cents Arabes, qui le somment de se rendre. Il répond par un coup de feu, en reçoit une grêle et tombe en criant aux siens : « Courage, défendez-vous jusqu'à la mort ! »

« Tels les cuirassiers de Reichshoffen, se ruant à une mort certaine pour assurer la retraite.

« Tels les marsouins de Bazeilles, brûlant jusqu'à la dernière cartouche contre une armée qui les assaille.

« Tels les chasseurs d'Afrique du général Margueritte, à Sedan, chargeant les bataillons allemands qui se succèdent sans jamais cesser et arrachant au roi Guillaume ce cri d'admiration : « Oh ! les braves gens ! »

« Voilà le soldat français. Il n'a pas son pareil.

« Si jamais tu vas au feu, tu te souviendras de tes aînés, et que le mépris de la mort et le dévouement aux chefs, aux camarades, au drapeau, assurent la victoire et, à son défaut, l'honneur. »

Le vrai caractère français se réfléchira encore

comme sur un miroir dans sa vigueur virile, et cela lorsque le respect, la discipline, le dévouement au devoir auront remplacé le dieu du plaisir, des sens, du calicot, qui ont quelque peu effacé les vertus guerrières, symbole de la grandeur du pays.

Le titre de cet ouvrage m'engage à l'enguirlander de fleurs, choisies dans un jardin où j'ai réuni les discours des membres de l'Académie Française lors de leur réception. Ce recueil littéraire, signé des écrivains les plus en vue de la république des lettres, est une sorte de *Conciones* auquel j'ai recours pour donner l'autorité nécessaire à l'exposition d'un sujet, qui aurait demandé une plume plus habile pour le traiter.

Dans la réponse de M. le comte Albert de Mun au discours de M. de Régnier, admis dans l'illustre compagnie à la place de M. le vicomte Victor-Eugène-Melchior de Vogüé, 18 janvier 1912, on trouve un hommage magnifique rendu à la mémoire du gentilhomme, de l'écrivain, du Français, qui avait répondu à l'appel de la patrie envahie, payé de son sang l'honneur d'être décoré de la médaille militaire.

Le grand orateur, l'auteur de tant de pages admirables, apporte dans sa campagne pour la Patrie « la grâce efficace du sentiment, l'indéfectible vertu de l'épée, du commandement, de la discipline militaire ». On croit le voir droit sur les étriers, devant ses escadrons, donnant le point de direction à ses cavaliers séduits par son caractère chevaleresque et sa stature. Le discours auquel je fais allusion est certainement un des plus élevés, tant pour la philosophie que pour le style, de ceux qui ont été entendus sous les voûtes de l'Institut.

En voici la péroraison :

« La plume, dit M. de Mun, va tomber des mains d'Eugène-Melchior de Vogüé. Dans un mois, presque jour pour jour, la mort soudaine va le terrasser, pendant qu'ici nous admirions encore son air d'invincible jeunesse. Il écrit pour la dernière fois en sortant de l'église où vient d'être célébré le service funèbre du lieutenant Delacommune, tué, avec quatre de ses camarades, à Bir-Taouil, au fond de l'Afrique Équatoriale; et ce qu'il écrit, le voici : « D'ins-« tinct, chacun sentait dans l'assistance que « ces morts sacrifiés nous sont plus utiles que « des milliers de vivants, parce qu'ils main-« tiennent l'idéal national, parce qu'ils ra-« chètent. »

« L'idéal ! le rachat par le sacrifice ! voilà la dernière pensée de son âme religieuse, comme elle avait été la première. Et il tombe sur le champ de bataille des idées, ayant, lui aussi, racheté à sa manière et maintenu l'idéal.

« J'ai parlé, aux premiers mots de ce discours, des lettres superbes que M. le général Lyautey m'a permis de feuilleter, et dont Vogüé l'honora pendant vingt ans. Quand parut l'article sur les morts de Bir-Taouil, le jeune chef d'escadrons du Tonkin était devenu le commandant de la division d'Oran. Il écrivit aussitôt à son ami une lettre admirable, superbe hommage du soldat armé de l'épée, au soldat armé de la plume. Il disait :

« Quelle belle et noble page! Cette idée du « rachat m'a saisi, dès mon arrivée au Tonkin. « Elle est plus mienne que jamais ici, dans « l'Extrême-Sud, où je vois de quelle abnéga- « tion est faite la vie de cette élite de jeunes, « qui a voulu y venir. Comme dans la doctrine « catholique, il y a l'église militante et l'église « triomphante, qu'elle unit et associe; chez nous « aussi, il y a les militants et aussi les triom- « phants, dont le bataillon, grossi chaque année, « reste étroitement uni à l'autre, et glorifié par « son culte. Quand la colonne qui surmonte, « à Béchar, la tombe des officiers tués à l'ennemi, « étincelle au soleil couchant, il n'y a pas un « regard qui ne la cherche à cette heure radieuse, « pour trouver la leçon et la force du sacrifice. »

Et l'on dira, aussi, avec M. de Vogüé, qui a toujours rêvé de reconstruire, sinon l'édifice extérieur de l'ancienne France, du moins dans la structure sociale, confuse et chancelante, qu'il voit grandir sur le vieux sol de la patrie, l'âme qui peut seule lui donner l'harmonie et la durée :

« Il faut à la France autre chose que des « luttes des partis usés sur les bancs des assem- « blées. Il lui faut une des grandes œuvres dont « elle est coutumière, une de ces œuvres univer- « selles, qui ont toujours été sa raison de pri- « mer, dans le monde, l'excuse de ses folies, « la consolation de ses malheurs. *Gesta Dei per* « *Francos !* »

Les Allemands, justement fiers de leurs succès, ne s'endorment pas sur leurs lauriers et tiennent, par des moyens pratiques, à profiter des avantages acquis au cours de la dernière guerre. Ils n'ont jamais oublié le cantique que le moine Martin Luther chantait en entrant dans Worms : « Notre dieu est une forteresse, une épée et une bonne armure. » La foule populaire, la bourgeoisie, comme les princes et les nobles, prouvent, en tenant leur poudre sèche et leurs armées en bon état, qu'ils représentent cette tradition.

De ce côté-ci du Rhin, on s'effraie, non sans

raison, de l'augmentation toujours croissante des forces militaires de l'Empire. Il est urgent de prendre des précautions pour faire face aux éventualités, qui peuvent se produire d'un moment à l'autre.

Aussi chercherai-je, par une dernière citation, à prouver, une fois de plus, que l'histoire sera toujours la grande institutrice des peuples et que, en jetant un regard vers le passé, on recueille une leçon pour le présent, un avertissement pour l'avenir.

En 1828, à la Sorbonne, Victor Cousin, dont le professorat a honoré l'enseignement supérieur, a tenu un langage qui est de toute actualité. La guerre entre la Russie et le Japon, celle turco-balkanique, les émotions diplomatiques qu'elles ont entretenues en Europe, suffisent pour prouver que, s'il faut compter sur l'intervention dévouée dans la lutte des peuples, c'est à la condition qu'on l'aidera sérieusement dans ses desseins.

« La guerre, dit V. Cousin, a sa racine indestructible dans la nature des idées des différents peuples, qui, étant nécessairement partielles, bornées, exclusives, sont nécessairement hostiles, agressives, conquérantes.

« Dans ce choc, l'idée qui sera plus faible sera détruite par la plus forte : d'où il suit que le peuple, qui représente l'idée la plus en rapport avec l'esprit général de l'époque, est le peuple appelé à la domination.

« La guerre est l'instrument terrible, mais nécessaire, de la civilisation. La guerre est un échange sanglant d'idées : une bataille n'est autre chose que le combat de l'erreur et de la vérité.

« En fait, il n'y a pas une grande bataille qui ait tourné contre la civilisation. La civilisation peut bien recevoir quelque choc : les armes sont journalières mais définitivement le gain et l'honneur de la campagne lui demeurent.

« La loi est de fer et d'airain, nécessaire et universelle. On peut plaindre les peuples : mais il ne faut pas accuser leur destinée, car ce sont eux qui la font.

« Supposez un peuple, qui prenne au sérieux ses idées, entretenant en lui l'esprit guerrier, fondant de grandes institutions militaires, se formant à une discipline sévère, préférant à des jouissances frivoles les soucis mâles et virils dans lesquels se trempe le caractère, ce peuple-là, lorsqu'il paraîtra sur le champ de bataille, n'aura commis aucune faute. Toutes ces chances seront pour lui.

« Supposez à ce peuple un ennemi imprudent, ayant des idées sans doute, mais ne les ayant pas assez à cœur pour leur faire les sacrifices qu'exigent leur défense ou leur propagation, brave, mais sans un état militaire bien entretenu, ou avec une organisation militaire en apparence assez forte, mais sans résolution et sans énergie.

« Mettez en présence ces deux peuples : n'est-il pas évident que l'un étant meilleur que l'autre, plus prévoyant, plus sage, plus courageux, méritera de l'emporter et l'emportera, en effet? »

Personne ne s'élèvera contre cette doctrine, si savamment développée dans une chaire où, à l'époque actuelle, on s'écarte tant de celle que l'Université se faisait gloire d'entretenir pour le bon renom de la France.

Le dernier mot d'espoir est que le langage de V. Cousin soit enfin entendu par ceux qui gardent au fond du cœur le feu sacré de la patrie et les espérances.

Restons sur cette impression réconfortante.

Avant de terminer, j'emprunterai au Ier livre des *Essais* un passage où l'on trouve l'originalité des expressions, la naïveté du style, la morale si simple, si peu exagérée, qui sont la caractéristique du talent de l'écrivain incomparable.

A propos de la mort, qu'il appelle « un changement de garnison de la vie », Montaigne dit :

« Or, j'ay pensé d'ou venoit cela, qu'aux guerres, le visage de la mort, soit que nous la veoyons en nous ou en aultruy, nous semble sans comparaison moins effroyable qu'en nos maisons, aultrement ce seroit une armée de médecins et de pleurars. »

Ceux de nos enfants qui, dans la prochaine guerre, tomberont sur le champ de bataille, laisseront une consolation aux leurs : c'est qu'ils seront morts en héros et en chrétiens. Ils seront heureux et les survivants à plaindre.

Il y a des choses qui reviennent, que les échos de l'histoire répètent. Un concours de circonstances rend la guerre inévitable dans un temps plus ou moins éloigné. Il n'y a pas de finasseries, de roueries du pouvoir qui puissent la conjurer. Elle est marquée du doigt de Dieu. Qu'on laisse donc tranquille le développement de la sociabilité humaine, que des docteurs de toutes les Facultés intellectuelles se chargent de réglementer. Tout en admirant le rayonnement calme et majestueux de la pensée, je ne suis pas assez optimiste pour croire qu'il fera disparaître les passions, les préjugés, les erreurs, les illusions. Comme l'avant-garde de l'ennemi pourrait, inopinément, paraître à la frontière, ayons toujours, selon un mot historique, « notre poudre sèche et notre épée aiguisée » pour ne pas être pris au dépourvu comme en 1870. « Ouvrons l'œil et le bon », disait le vieux troupier, afin de n'avoir à reculer devant aucune mesure capable d'assurer à la France un avenir digne du temps où son nom a été inscrit sur les tables des gloires militaires du monde entier.

Je crois, en conséquence, pouvoir résumer les arguments mis en avant en rappelant ce passage d'Alfred de Vigny, où l'écrivain indique ce qu'il y a de grandeur dans ce qu'il a appelé *La Servitude militaire:* « L'abnégation complète de soi-même, l'attente continuelle et indifférente de la mort, la renonciation entière à la liberté de penser et d'agir, les lenteurs imposées à une ambition bornée et l'impossibilité d'accumuler des richesses, produisent, chez l'officier, des vertus qui sont plus rares dans les classes vives et actives. »

Voilà le vrai casuel des Français qui portent l'uniforme militaire, dont l'ardeur, bravant le fer, leur fait considérer comme une lâcheté de ménager leur vie quand le bien du service et la bonne réputation de leur pays sont en jeu.

Pour la France et de bon cœur, ils voleront à la victoire ou à la mort !

CONCLUSION

Élu par l'Académie Française à la place laissée vacante par la mort d'Albert Sorel, M. Maurice Donnay a, dans la séance du 19 septembre 1907, prononcé son discours de réception. L'éloge qu'il a fait de son prédécesseur est un des plus remarquables de ceux que l'on ait entendus sous la Coupole, par le développement donné à l'Histoire. Le récipiendaire a montré l'auteur de *L'Europe et la Révolution* comme l'écrivain qui, par sa vaste érudition, avait « le plus de passé dans l'esprit », savait attirer, à tout instant, l'attention par des similitudes prouvant que, à partir de 1789, « ce n'est pas une nouvelle histoire d'une nouvelle France qui commence, mais bien la France et l'histoire qui continuent », sur les principes politiques datant de Richelieu et de Louis XIV. Il a dit que, de nos jours, le plus grand service qu'on puisse rendre à des Français était de leur apprendre leur plus récente histoire, dont ils ne connaissent pas le premier mot; il le prouve par une anecdote prise sur le vif, quelque temps après la guerre. Cette vérité est confirmée, quatre ans après, dans un rapport officiel, où l'on constate que les candidats à l'École normale supérieure n'ont aucune notion des événements militaires de l'année terrible. La génération actuelle, on ne peut soulever aucune objection sur ce point, se désintéresse de la brûlure au cœur, dont ses aînés ont tant souffert à la suite des hontes que les défaites et capitulations ont infligées à leur patriotisme.

Dans cette étude, j'ai cherché à indiquer les conséquences néfastes de cette indifférence, à montrer combien les préoccupations intéressées, les discordes des partis, l'amour du bien-être, entretenaient une apathie des plus dangereuses pour l'avenir du pays, menacé d'en arriver, comme en 1870, à désarmer devant un conflit formidable et fatal.

Pendant que, de l'autre côté du Rhin, des millions sont votés et dépensés pour mettre les armées de terre et de mer en état d'entrer en campagne du jour au lendemain, on délaisse, de ce côté-ci, les intérêts de la défense nationale pour porter toute l'attention sur celle dite laïque. Au milieu des incohérences parlementaires, qui sont la caractéristique du régime, on se préoccupe surtout du danger que ferait courir à la République la présence, dans les cadres de l'armée territoriale, d'un officier supérieur considéré comme coupable de ne pas avoir dit *amen* au *credo* d'un syndicat ayant trouvé, dans une affaire d'espionnage, les éléments nécessaires pour entreprendre ce que l'on a appelé le *chambardement* de l'armée, de l'armée considérée comme le seul obstacle sérieux pour endiguer le flot des généralités humaines sans substance, mettre un frein aux ambitions malsaines, calmer les appétits d'énergumènes, teintés de jacobinisme, surtout imbus de l'idée que la République est leur vache à lait. Ils chassent Dieu de la France comme un vulgaire frère des écoles chrétiennes; ils éteignent les étoiles.

En remontant aux événements qui ont fait déchoir la France du rôle élevé qu'elle occupait dans le concert européen, en pensant aux causes qui ont obscurci sa gloire militaire, en jetant un regard vers l'Est, la terrible voix du peuple n'est-elle pas en droit, elle aussi, de crier aux maîtres du jour :

Qu'avez-vous fait de la France ?

Je saisis l'occasion pour adresser un salut aux camarades, qui, victimes, depuis longtemps, d'un despotisme outrageant, ont conservé, dans leur disgrâce ou retraite, le sentiment du devoir, la tranquillité de la conscience.

Aussi, en l'honneur de ces absents, je rappellerai ce passage de *Dix Ans d'études historiques*, d'Augustin Thierry :

« Le propre du colonel Hutchinson, comme de tous les grands caractères, était le calme dans la force. Privé de la fortune par ses sacrifices pour la cause de la liberté, chassé de ses emplois par Cromwell, calomnié par les pamphlétaires que soudoyait le Protecteur, dénoncé au peuple, tantôt comme traître, tantôt comme fanatique, sa constance fut inébranlable. Le despote, qui ne concevait point les longues pensées hors de l'ambition, crut un jour avoir assez fait pour le vaincre, et lui fit demander, dans sa retraite, s'il persistait à se tenir loin des affaires et à vivre inutile au public. « Quand le « moment d'être utile sera venu, répondit le « colonel, je ne me tiendrai point à l'écart, « j'attends ce moment; je ne partagerai point « l'infamie de ceux qui trempent, à prix d'or, « dans l'asservissement de leur pays. »

Juillet 1914.

DEUXIÈME PARTIE (1)

DEVOIR DES CIVILS

C'est une grande chose pour une nation d'être pénétrée de l'esprit du devoir et, tant qu'il survit en elle, il ne faut pas désespérer de l'avenir. Mais, s'il disparaît ou s'émousse, s'il est remplacé par une soif de plaisir, d'ambition, alors, malheur à cette nation, car sa dissolution est proche. Le témoignage du baron Stoffel, attaché militaire à Berlin, avant la guerre de 1870, est des plus concluants.

Il a fallu Iéna pour que la Prusse fît un retour sur elle-même, et que, sentant le besoin de se retremper dans de saines et mâles institutions, elle devînt, après Leipzig, Waterloo, Francfort, la nation qu'elle était hier.

Ceci était écrit un an avant la guerre européenne qui fait couler tant de pleurs et de

(1) Écrite depuis août 1914.

sang. Aussi, crois-je devoir reproduire ici la magnifique page publiée, dans *Le Temps* du jeudi 3 septembre 1914, sous la signature d'Ernest Lavisse, à propos du *Devoir des civils*.

« Trouver en soi un point d'appui sûr : le devoir très clair de ne pas se préoccuper de soi.

« Mettre sa personne, ses intérêts, ses aises, ses dangers en comparaison avec les intérêts, l'honneur et le péril de la patrie.

« Penser à la patrie pieusement.

« Ne pas croire que le point où l'on est, ce point fût-il Paris, est celui où sera prononcé le jugement dernier.

« Regarder une carte de la France et de la Belgique, pas seulement l'Oise et la Seine, mais la Meuse, la Moselle, les Vosges, Anvers.

« Regarder une carte de l'Europe, le Danube, la Vistule, l'Empire russe.

« Sur l'Oise, la Meuse, la Moselle, au pied des Vosges, autour d'Anvers, sur le Danube, sur la Vistule, s'échelonnent les champs de la même immense bataille.

« Regarder une carte du monde, le Canada, l'Australie, les Indes, d'où volontaires et soldats arrivent à la rescousse, et le Japon qui, en attendant mieux, attaque l'empire que l'Allemagne avait commencé de se tailler en Chine.

« Partout le fusil, la mitrailleuse, le canon, l'avion, le dirigeable, les blessures, la mort.

« Penser d'autre part à la raison de cet événement prodigieux.

« Un peuple aspire à la domination sur le monde; ses écrivains et ses penseurs le disent et le proclament.

« Ce peuple croit être le seul qui mérite de vivre pleinement; il ne reconnaît aux autres le droit de vivre qu'autant qu'ils ne gênent aucun de ses mouvements et ne contrarient aucun des desseins de son ambition sans limites.

« Aucune parole jurée, aucun scrupule d'honneur ne l'arrête; comme il n'a point en lui le sentiment de l'honneur, il s'étonne de le trouver chez autrui : « Qu'est-ce que c'est que cela? » a dit M. de Bethmann-Hollweg, quand l'ambassadeur du roi George lui a parlé de l'honneur de l'Angleterre.

« Ce peuple a pour chef le descendant de ces Hohenzollern qui, ayant créé par la force l'État prussien, honorent cette force comme l'unique vertu.

« Tout Hohenzollern est, avant tout, un *Kriegsherr*, le chef de guerre. Il n'a de considération que pour l'uniforme de la guerre. Dans son palais, des rangées d'armoires sont pleines d'uniformes. Réfléchissez sur ce petit fait; les petits faits souvent en disent long sur les grandes choses. Lorsque l'empereur Guillaume apprit que l'Angleterre lui déclarait la guerre, il trouva tout de suite une façon, la plus cruelle et la plus offensante à son avis, de se venger : il envoya à l'ambassadeur un de ses officiers, qui déclara d'un ton raide que jamais Sa Majesté ne porterait plus l'uniforme de maréchal ni celui d'amiral anglais.

« Ce militarisme, qui n'existe nulle part ailleurs, s'appuie sur une caste prussienne, hautaine et dont les idées et les sentiments sont d'un autre âge, très reculé.

« Indépendance des peuples, honneur des peuples, intérêts des peuples, liberté, justice : voilà ce qui est menacé. Voilà pourquoi le champ de bataille s'étend à toute la terre.

« Penser ces choses aux heures noires, fortifier son âme dans les crises d'inquiétude, conclure par la délibération de sa conscience qu'il vaut la peine de combattre, de souffrir, de mourir pour de telles causes, croire que les défenseurs de ces causes ne peuvent être vaincus. Ou bien, si l'on s'affole, si, étant terrorisé, on devient terroriseur, si, par la diffusion de sa peur, on ajoute au péril public, conclure que l'on est un très pauvre homme. »

Les questions de l'honneur, de la fourberie,

du devoir, ne pouvaient être traitées avec plus d'autorité et d'éloquence, que par l'auteur de *La Jeunesse de Frédéric II*.

Je compléterai ce tableau par un trait emprunté aux *Matinées royales*, élucubration littéraire due à la plume de l'ami de Voltaire, des Encyclopédistes, de Mirabeau, de Guibert, etc...

« Comme on est convenu parmi les hommes que duper son semblable est une action lâche et criminelle, on a été chercher un moyen pour adoucir la chose, c'est le mot *politique*, que l'on a choisi infailliblement. Ce mot n'a été employé qu'en faveur des souverains, parce que l'on ne peut pas nous traiter de coquins et de fripons. Je ne l'en considère pas moins comme l'expression appropriée à une école de tromperies et de mensonges. »

C'est en vertu de cette politique fallacieuse, que le monarque a cru devoir régler sa conduite pendant la guerre de la Succession d'Autriche et celle de Sept ans, ce qui justifie l'opinion de M. Lavisse, quand il dit : « Avec les plus rusés, Frédéric joue au plus fin et est plus fin que les plus rusés. La nature l'avait prédestiné à une maîtrise dans l'art de tromper les hommes. »

Dans la lutte qui se poursuit aujourd'hui avec tant d'acharnement de part et d'autre, son descendant, par la violation des traités et des actes criminels, s'est mis au ban de l'humanité, en faisant litière du droit des gens à la guerre. Continuateur des perfidies de son illustre ancêtre, il prouve et tient à prouver qu'il est bien de la race des Hohenzollern.

L'ESPÉRANCE

> Fortune, reine heureuse d'Antium, à ta droite est l'Espérance, à ta gauche arrive la Fidélité, cette belle inconnue aux blancs vêtements. Veille sur notre jeune armée, essaim redoutable.
>
> (HORACE, *Ode XXXV*, liv, I.)

Lorsque la fortune abandonne un peuple pour lequel elle s'est montrée prodigue en bienfaits, ce n'est pas toujours, comme on a l'habitude de le dire, par caprice, mais souvent pour lui donner une leçon profitable en l'avertissant des dangers qu'il court en prêtant trop l'oreille aux critiques des choses dont il a le plus bénéficié. Elle détourne les yeux pour ne pas voir le spectacle du crédit accordé à des doctrines qui nuisent à la réputation de la nation, aveuglée par des chimères, des utopies, que son orgueil considère comme d'audacieuses manifestations du progrès de l'époque devant lui ouvrir prochainement les portes de l'Éden terrestre. Pleine de mansuétude, animée de sentiments généreux, elle fait comprendre, à ceux qu'elle quitte, qu'elle compte bien voir leur patrie reprendre, dans un avenir prochain, la place qu'elle leur avait donnée au soleil de la civilisation, dont ils avaient été les ouvriers remarqués. Elle leur laisse l'espérance de posséder un jour une armée, capable de faire une longue guerre pour arriver à donner une paix glorieuse au pays, ôter, pour toujours, à l'ennemi l'espoir de le troubler par de nouvelles hostilités. C'est la perspective qui soutient les cœurs et fortifie les bras.

L'espérance, à ce titre, mérite une place dans ce livre. J'en parlerai le plus succinctement possible, comme corollaire des questions qui y sont traitées.

Au milieu des épreuves que j'ai traversées au cours de la carrière des armes, des inquiétudes et tristesses dont j'ai, quelquefois, été accablé, j'ai eu le privilège de ne jamais désespérer. Le découragement n'a jeté aucune ombre sur l'horizon que je ne perdais pas de vue. Grâce à cette mentalité, j'ai pu vivre aux bords de l'abîme pour voir le jour où un sursaut providentiel d'énergies endormies a fait rejeter les prévisions les plus alarmistes, reprendre confiance, espérer quand même. Les vertus foncières de l'âme française, courage, discipline, abnégation, ont brillé alors du plus vif éclat, fait ressortir la puissance de l'admirable ressort incarné dans l'armée, suprême espérance

La page la plus éloquente, qui ait jamais été écrite sur l'espérance, se trouve dans un ouvrage, où l'auteur a fait une étude de psychologie, de morale qui ne le cède en rien à l'œuvre de La Bruyère (1) :

« Le dernier et le plus grand bienfait, c'est l'espérance qui, cependant, est la plus commune des possessions, car, ainsi que l'a dit Thalès le philosophe : « Ceux-là mêmes qui n'ont rien « autre chose, ont l'espérance. »

« C'est elle qui inspire et dirige les grandes actions. On raconte qu'Alexandre le Grand, lorsqu'il hérita du trône de Macédoine, partagea entre ses amis la majeure partie de ses États que son père lui avait laissés et, quand Perdiccas lui demanda ce qu'il avait réservé pour lui-même, il répondit : « La plus belle de toutes « les possessions, l'espérance. »

« Les plaisirs de la mémoire, quelque grands qu'ils soient, ne sont rien comparés à ceux de l'espérance, car l'espérance est la mère de tous les efforts et de toutes les aspirations, et chaque don divin reçoit perpétuellement le souffle de

---

(1) Le *Caractère*, par Samuel Smiles, traduit de l'anglais par Mme Deshorties de Beaulieu.

l'espérance. On peut dire qu'elle est le levier moral qui fait mouvoir le monde et le tient en action. « Dans toutes les affaires humaines, « écrivait Lord Byron, il n'y a qu'espérance, « espérance et toujours espérance. »

L'expérience produit la sagesse pratique, et je puis dire, avec Sainte-Beuve, que le bonheur de la vieillesse n'est que l'extrait du passé. Aussi est-ce à des échos lointains que je me rajeunis et à ceux qui, aujourd'hui, prouvent, une fois de plus, que l'histoire ne se refait pas, mais se renouvelle. Vétéran, richement chevronné, des dernières guerres, je suis heureux de voir mon espérance prendre corps, ce qui m'incite à dire ce que je lui dois depuis le jour, où, sous les murs de Metz, je doutais de l'avenir. Plus tard, j'ai eu des moments de crainte, alors que l'armée voyait tous les rouages de sa constitution viciés par les audacieux novateurs, dont a parlé, en 1889, E. Renan dans son discours de réception à l'Académie Française.

Pour chaque génération, si les souvenirs rappellent les phases heureuses de la vie, ils réveillent également les tristesses que l'espérance seule peut atténuer, faire disparaître. C'est de l'une des plus angoissantes dont je parlerai, de la capitulation de Metz, de ce calvaire de la honte, dont je suis descendu pour marcher ensuite avec espoir et confiance, non sans rencontrer dans ce voyage des ronces et des épines, qui blessaient singulièrement les envolées d'espérances, rendaient pénibles le fardeau et les peines de la vie.

Dans cette journée du 27 octobre 1870, où l'abaissement de la France a été protocolairement signé au château de Frascati, comme dans celle du 29, où les troupes ont été livrées au vainqueur, on ne peut se faire une idée, quand on n'a pas assisté à ce drame terrible, des accès de colère et de haine qui étreignaient les cœurs au point de faire croire qu'on allait perdre la raison. L'anathème et les malédictions venaient aux lèvres. Par moment, je sentais cependant une sorte de réconfort, qui semblait apporter un peu d'adoucissement à la douleur, sécher momentanément les larmes, rendre moins aiguës les souffrances de la plaie morale qui nous brûlait. Ce secours, dont je ne me rendais pas compte, tenait à ce que je conservais, encore et quand même, dans l'esprit l'image de la vitalité nationale, intacte la religion de la patrie, auxquelles j'associais, dans la communion de la détresse, les espérances. La plus grande était celle de la revanche. Si nos drapeaux prenaient le chemin de Berlin, je rêvais l'apparition d'un nouveau maréchal de Luxembourg; je pensais aux héros d'Arcole, d'Austerlitz, à ceux d'Algérie, de Crimée, d'Italie, à leurs cadets, pour tapisser encore les voûtes de Notre-Dame, des Invalides, de nouveaux trophées glorieusement conquis.

Les temps, les événements amènent des changements heureux ou capricieux dans les jeux de la fortune, abaissent souvent une nation pour la relever avec plus d'éclat. Je n'ai jamais mieux compris le mot de Guizot : « La France est la terre de l'espérance », auquel je ne donnais qu'un sens, la revanche, appelée à faire disparaître la profondeur de notre humiliation. Matériellement et moralement, je la considérais comme le seul guide de ma pensée sur le chemin de l'avenir pour le relèvement de la patrie.

C'est avec ce bagage que j'ai quitté Metz pour la captivité.

Depuis près d'un demi-siècle, les impressions de cette guerre ont toujours dominé mon esprit, sans jamais être atténuées par la vue d'horizons susceptibles de donner une confiance entière dans la réalisation du rêve que je n'ai cessé de caresser. Dans la période de temps qui s'est écoulée au milieu de cette apathie, dont parlait Lacordaire et que E. Renan engageait à ne pas troubler, que de désillusions!

J'ai supporté avec inquiétude les convulsions gouvernementales, les querelles des partis, les doctrines dites humanitaires ou sociales, assisté au spectacle de la fange démagogique, des campagnes entreprises contre la religion, l'armée, la famille, de la divulgation officielle de la doctrine nouvelle de la paix à tout prix, de scandales de toutes sortes, etc., etc. Les préoccupations et les alarmes politiques ont empêché jusqu'à ce jour, d'assurer l'application des principes généraux, qui doivent asseoir, sur des bases solides, l'organisation de la société, les redressements possibles, les réparations urgentes, qu'il conviendrait de faire subir à l'édifice inconfortable où la France abrite ses destinées.

Je suis tombé souvent dans cette *désespérance* dont parle A. de Musset aux premières pages de sa *Confession d'un Enfant du siècle.* Soldat d'un peuple meurtri, je n'ai pas échappé au découragement engendré par les creuses et dangereuses chimères, qui ont permis à beaucoup de novateurs de pêcher en eau trouble pour acquérir une réputation que leurs antécédents, leur éducation, ne justifiaient pas. Puis j'ai été emporté vers un vaste mouvement de foi et d'espérance comme au temps de l'année terrible. La tristesse, l'inquiétude n'ont jamais été jusqu'à me faire douter de l'avenir, de l'avenir qui s'imposera le jour où l'armée ne sera plus considérée comme un simple compartiment des institutions du pays, mais bien comme l'arche sainte de sa grandeur.

J'ai été soutenu et maintenu dans cette voie de l'espérance par deux grands chefs militaires, dont le patriotisme était à la hauteur de leurs brillantes qualités de soldat. L'un, celui des « Braves gens » du plateau d'Illy, l'autre le glorieux blessé de cette charge, ont su me remonter le moral, quelque peu incertain à des dates qui m'auraient permis d'être infidèle à cette espérance, dont les racines sont cependant bien profondes dans mon cœur.

Le 27 décembre 1905, je recevais le mot suivant : « Non. Le feu n'est pas mort. Il suffirait de souffler hardiment sur les cendres et sur ceux qui les ont accumulées ; autant en emporterait le vent, et la braise renaîtrait pour la gloire et le salut de la France.

« En ce moment critique, il y a un *Sursum corda* presque général. On sent la nécessité de refaire l'édifice. Tout ce qui paraîtra y aidera beaucoup. Pour être en ce temps utile, il ne faut pas écrire en vain ; le *miscuit utile dulci* est devenu sans efficacité.

« Si l'on nous déclare la guerre, la France

combattra avec son dernier homme, son dernier fusil, son dernier sou, et chacun de ses enfants saura qu'il n'a à choisir qu'entre une mort glorieuse et la cour martiale.

« Et je signe. « GALLIFFET. »

Le 9 mai 1909, celui que l'on a appelé le Bayard des temps modernes, qui, au milieu des injustices, des épreuves, est resté l'homme du devoir, des sacrifices, le général Geslin de Bourgogne, m'écrivait :

« J'ai trouvé, en rentrant, votre lettre, navré de vous voir dans le marasme à cause des scandales, hélas ! trop nombreux, dont souffre l'armée.

« Allons, mon capitaine, *Sursum corda*. C'est la veillée des armes; on va bientôt se battre. Verser son sang, mourir pour la patrie ! Qu'importe l'autel sur lequel on s'immole, pourvu que ce soit pour le salut de la France ! C'est du sang qu'il faut pour racheter nos fautes, du sang pur et généreusement répandu. Ne marchandons pas le nôtre. »

Ne croirait-on pas lire l'ode dans laquelle Horace chante la gloire des enfants de Rome qu'attend la mort au milieu des combats?

Le fameux *Sursum corda*, dont on parle depuis si longtemps, a enfin pris corps, donné comme un renouvellement au caractère français, toujours avide de s'orienter sur une direction patriotique. Le pays est entré dans la bonne voie, *vita nova* comme disait Dante. Les hécatombes n'effraient personne; la mort pour la patrie paraît grande et magnifique et, comme au temps d'Horace, est regardée comme le sort le plus beau. Elle est sublime dans sa pourpre fumante.

En présence de ce réveil, je lus, avec plaisir, les discours prononcés à l'Institut, dans la séance plénière du mois d'octobre.

Dans celui de M. Homolle, délégué de l'Académie des Beaux-Arts, la pensée et la conscience de l'historien se sont admirablement identifiées pour faire, à propos du portrait de Xerxès, tracé de main de maître, une description saisissante de la férocité de la guerre antique, qui n'était rien auprès des attentats monstrueux commis aujourd'hui. Celui qui se donne comme le familier, le confident, l'agent de Dieu, pille, incendie, vole, fait de son armée une véritable école d'inhumanité, prostitue la gloire recherchée à des actes qui, sous le régime des lois, sont considérés comme crimes.

Tout est à lire dans ces pages (1), où l'on s'arrête, avec émotion, au récit d'un rêve sinistre

---

(1) *Les Vierges de l'Acropole.*

et radieux « dans lequel se mêlaient les visions de guerre et les visions d'art et où se rencontraient, par un hasard étrange, les barbares qui nous ont envahis et les victimes de Xerxès ressuscité. Partout où je portais les yeux, je reconnaissais les coups d'une odieuse et stupide sauvagerie, l'accomplissement systématique d'une œuvre consciente, acharnée de rancune et de haine, de basse envie, de jalousie barbare. Les obus qui frappent au loin comme un bélier, l'incendie qui mine sournoisement, tout avait été employé contre une inoffensive et adorable merveille, la cathédrale de Reims ».

Dans cet admirable morceau d'éloquence, sont bien définies les heures critiques du présent où, par une sorte de résurrection miraculeuse, on voit, encore une fois, que l'espérance et la foi procurent des surprises inattendues, des jouissances exquises, jouissances au nombre desquelles je donnerai une grande place à cette lecture, où, après avoir parlé des rameaux, symboles d'espérance, de victoires, l'orateur termine ainsi :

« A ce moment, une voix éclatante fendit l'air : c'était le coq gaulois qui chantait au sommet du clocher, et le ciel s'illumina d'une merveilleuse aurore : Chantecler faisait lever le soleil, le soleil de la liberté. L'émotion fut si vive que je m'éveillai; mais mon esprit et mes sens demeuraient obsédés des images et des bruits du rêve qui se continuait : dans mes yeux grands ouverts je gardais l'éblouissement des rayons qui semblaient embraser tout l'univers, et dans mes oreilles montait comme un hosanna de délivrance que, du Rhin à l'Oder, de l'Elbe au Danube et aux Carpathes, de la Baltique à l'Adriatique et à la Mer Égée, entonnaient chacune en sa langue, sa langue proscrite et chérie, toutes les nations opprimées et qui brisaient leurs chaînes aux pieds des Vierges de Reims et des Vierges de l'Acropole! »

Le livre, écrit avant la guerre, paraît à l'heure où l'armée de France, dont j'ai signalé le malaise, entre dans une admirable convalescence pour assurer la régénération du pays. Liés par la solidarité de la communion du patriotisme, officiers et soldats, par leur courage, leur dévouement, leur abnégation, trouvent leur force, comme les troupes de Dumouriez au camp de Maulde, dans l'ignorance, où ils tiennent à rester, des divisions des partis politiques. Aussi, inscrivent-ils, chaque jour, des fastes glorieux aux pages de nos annales nationales pour effacer les inscriptions gravées sur la pierre des défaites de l'année terrible.

Les âmes élevées leur savent gré de porter la tête haute, pour mieux voir et combattre la horde de Barbares qui, comme celles de Xerxès, d'Attila, de Gengiskan, considère les massacres, l'incendie, le pillage, la foi jurée violée, comme les moyens pratiques de satisfaire leur haine, leur jalousie, de permettre à la bestialité cultivée d'aspirer à pouvoir faire de la France, pays aux sentiments chevaleresques, une vassale de leur empire. Dans l'union de l'armée et de la nation, où l'on marche coude à coude, botte à botte à côté d'intrépides et fidèles alliés, chacun est animé d'une irrévocable résolution : maintenir la patrie une et indivisible.

L'éloquence théâtrale, les gestes dans le vide, dont ont tant abusé de fameux novateurs aux époques troublées, ont fait leur temps. Ces faux prophètes sont devenus les chevaliers de la circonstance, sans être pour rien dans la vaillance du soldat

Comme le mot de concorde est sur toutes les lèvres, je ne pense pas à leur appliquer le passage du *Contrat social*, dans lequel J.-J. Rousseau se montre très sévère contre ceux qui, après avoir publiquement reconnu des doctrines philosophiques et sociales, se conduisent comme ne les croyant plus. Le citoyen de Genève va jusqu'à demander *qu'ils soient punis de mort* comme insociables. En présence du danger qu'a couru la France par suite des sophismes qui, depuis la guerre de 1870, ont servi de tremplin aux dilettanti de l'humanité, mais aussi de l'indulgence que leur vaut leur *mea culpa* et de la publicité qu'ils lui ont donnée, j'invoquerai, en leur faveur, le mot du chancelier de L'Hospital après la Saint-Barthélemy : *Excidat illa dies ævo.* Je n'oublie pas, pour cela, ces vers d'Alfred de Musset :

Le cœur de l'homme vierge est un vase profond;
Lorsque la première eau qu'on y verse est impure,
La mer y passerait sans laver la souillure,
Car l'abîme est immense et la tache est au fond.

L'élan de la reconnaissance, la ferveur de l'admiration pour l'armée sont une garantie pour l'avenir. L'élan sublime des soldats de France n'est-il pas, comme l'a dit René Doumic, « l'image complète et sincère de la race française tout entière »? C'est là où le progrès du canon, le seul sérieux en ce moment, entretient le feu sacré.

Après avoir salué ceux qui ont fait que la France est toujours là, je pourrai, lorsque le dernier moment arrivera, éprouver encore ce que j'ai ressenti tant de fois au cours de ma vie : la joie d'une belle espérance.

Je me rappelle aussi ces vers de Corneille, parce que je les considère comme prophétiques :

Un grand destin commence, un grand destin s'a-
[chève.
L'empire est près de choir et la France se lève (1).

Puisque les Barbares ont étalé la prétention d'être les agents de Dieu lui-même pour assurer la domination de l'Empire allemand, je trouve une nouvelle force à l'espérance en comptant sur la réalisation de cet oracle du prophète Isaïe :

« Malheur à toi qui dévastes et qui n'as pas « encore été dévasté, qui pilles et n'as pas encore « été pillé ; quand tu auras fini de dévaster et « de piller, à ton tour tu seras dévasté et pillé. »

---

(1) *Attila.*

VIVE LA FRANCE !

VIVE LA FRANCE !

Comme nous ne sommes plus au temps de Mazarin et que la période tragique que nous traversons ne s'y prête pas, je ne finirai pas par une chanson, mais par un cri qui, partant du cœur, est sur toutes les lèvres. Ses éclats seront assez retentissants pour faire chorus au réveil du coq gaulois.

Je laisserai donc de côté musique et poésie pour, en souvenir du cardinal, faire une visite au Palais qu'il a fait élever en l'honneur des lettres, des sciences et des arts. Là, je prendrai l'intonation voulue pour me préparer à pousser, au jour si ardemment attendu, le cri qui, au début de la guerre, a suffi pour faire sortir la France de l'apathie entretenue par les douceurs de la paix. Là, j'ai assisté à une sorte de répétition du dernier acte du drame terrible qui se déroule sur les champs de bataille; j'ai entendu comme les échos d'une fanfare annonçant le succès final.

Quel charme j'ai éprouvé, sous les voûtes

du palais Mazarin, à l'audition d'un discours où le successeur d'Albert Sorel, du grand historien, dont les préférences allaient aux « purs héros de la Révolution », a parlé de la patrie, jeté un voile sur les tristesses et inquiétudes, pour montrer sa foi inébranlable dans les destinées de la France. En son honneur, il a poussé un cri de confiance et d'amour, aux applaudissements de l'illustre Compagnie rendant hommage à l'éclat d'une mâle éloquence, à la beauté du devoir patriotique accompli.

Je détache un passage de ce magnifique discours, au cours duquel M. Donnay est resté maître de l'oreille et du cœur de l'auditoire, charmé par tant d'élévation, de facilité, de délicatesse et de patriotisme. J'y ai trouvé un réconfort pour l'espérance :

« L'avis de mobilisation est affiché. Ce n'est pas chez nous le caporalisme qui ordonne, c'est le droit, la justice, la liberté qui appellent, et chacun répond : on y va ! Nos soldats s'en vont, l'éclair aux yeux, le sourire aux lèvres, des roses au fusil; ils s'en vont, dans la lumière du bel été, sans cris, sans bravades; ils n'ont que l'ambition d'être des héros anonymes...

« Vertu, force, courage; ils se battent, et l'Alsace au large ruban noir frémit d'espérance. Ils vont au secours de la Belgique violée et, contre un ennemi supérieur en nombre, ils se battent avec un courage qui va jusqu'à la témérité...

« Cependant, plus d'un homme, que l'âge a réformé, réclame un poste et, selon ses capacités, veut servir. Albert de Mun écrit des articles, qui sont des appels de trompettes et de cloches; il porte la main à son cœur, pour le contenir, près d'éclater, et il meurt de son cœur... »

Et comme conclusion :

« Quelle France nouvelle tout cela nous prépare ! N'écoutons pas ceux qui prétendent que rien ne sera changé après; non, rien ne pourra désunir ce que la patrie a uni. Et ce discours sur la vertu, qui prend aujourd'hui un sens singulier, puis-je mieux le terminer, Messieurs, que par ces mots que crie le soldat qui tombe au champ d'honneur, que répète, plus bas et dans les larmes, la femme, mère, épouse, fille, sœur, douloureuse, mais fière que l'homme soit mort glorieusement, ces trois mots qui résument, en ce moment, toutes les vertus : Vive la France ! »

APPENDICE

LES HOHENZOLLERN

APPENDICE

LES HOHENZOLLERN

Dans les matinées royales ou l'art de régner, *opuscule inédit de Frédéric II dit le Grand*, je trouve des détails intéressants sur l'origine des Hohenzollern, sur leur politique, etc.

Le philosophe de Sans-Souci parle à cœur ouvert à son neveu, qui doit lui succéder, se montre peu réservé pour ses ancêtres, très large dans ses maximes politiques.

Je tirerai de cette consultation royale un enseignement permettant de se rendre compte des effets de l'atavisme dans cette famille, dont la plupart des membres se sont fait remarquer par l'élasticité de la conscience, leur mépris de de la morale. Je copie :

« Le premier ancêtre qui acquit droit de souveraineté fut Tassillon de Hohenzollern. Le treizième de ses descendants, Bourg-Grave de Nuremberg; le quinzième, Électeur de Brandebourg; le vingt-septième, roi de Prusse.

« Notre maison a eu ses Achilles, ses Cicérons, ses Nestors, ses imbéciles et ses fainéants, ses femmes savantes, ses marâtres et, à coup sûr, ses femmes galantes.

« Depuis Tassillon jusqu'au Grand-Électeur nous n'avons fait que végéter.

« En 1707, la vanité mit sur la tête de mon grand-père une couronne. C'est à cette époque que nous pouvons rapporter notre véritable existence, puisqu'elle nous mit dans le cas de disposer en roi et de traiter à égal avec toutes les puissances du monde.

« Si nous comptions les vertus de nos ancêtres, nous verrions, assurément, que ce n'est pas à ces avantages que notre maison doit son agrandissement. Nous avons eu la plus grande partie de nos princes qui se sont mal conduits. C'est le hasard et les circonstances qui nous ont servis. Je vous ferai encore observer que notre premier diadème s'est posé sur une tête des plus vaines et sur un corps tortu (*sic*) et bossu. On prétend que ce comte de Hohenzollern était d'une grande maison, mais, dans le fond, personne ne s'est poussé avec moins de titres. Au reste, il y a longtemps que nous sommes nés bons gentilshommes; tenons-nous-en là.

. . . .

« *La religion.* — Elle est absolument nécessaire dans un État. C'est une maxime qu'il serait fou de vouloir disputer. Un roi est très maladroit quand il permet à ses sujets d'en abuser. Mais aussi un roi n'est pas sage d'en avoir.

« La vraie religion d'un prince veut l'intérêt des hommes et sa propre gloire. S'il craint Dieu ou, pour parler comme les femmes et les prêtres, s'il craint l'enfer comme Louis XIV dans sa vieillesse, il devient timide et est digne d'être capucin.

« Pour la guerre, c'est un métier où le plus petit scrupule gâterait tout. En effet, quel est l'honnête homme qui voudrait la faire, si l'on n'avait pas le droit de faire des règles permettant le pillage, le feu, le carnage.

« Je ne dis pas, pourtant, qu'il faille afficher l'impiété et l'athéisme, mais il faut penser selon le rang que l'on veut occuper.

« Attachez-vous à la vraie philosophie; elle est constante, lumineuse, forte et inépuisable comme la nature, et vous verrez qu'il n'y aura bientôt dans votre royaume aucune dispute de conséquence sur la religion, car les partis ne se forment que sur la faiblesse des princes ou de leurs ministres. Une réflexion bien importante que j'ai à vous faire, c'est que vos ancêtres ont opéré de la façon la plus sensée dans cette partie. Ils ont fait une réforme qui leur a donné un air d'apôtre en remplissant leur bourse. Nos ancêtres se firent chrétiens au quinzième siècle pour plaire aux empereurs, luthériens au seizième pour prendre les biens de l'Église, puis réformés pour plaire à la Hollande à cause de la succession de Clèves. Nous pourrions bien nous rendre indifférents pour maintenir la tranquillité dans nos États...

« *De la Politique particulière.* — Quand j'étais prince royal, j'étais fort peu militaire. J'aimais mes commodités, la bonne chère et j'étais souvent à deux mains pour l'amour. Quand je fus roi, je parus soldat, philosophe et poète, je mangeais du pain de munition à la tête de mon camp. Je parus mépriser les femmes. Quand j'arrive dans un endroit, j'ai toujours l'air fatigué et je me montre en public avec un fort mauvais surtout et une perruque mal peignée. Ce sont des riens qui produisent souvent des impressions singulières. Je donne audience à tout le monde, excepté aux prêtres, ministres et moines. Comme ces messieurs sont habitués à parler de loin, je les écoute de ma fenêtre. Un page les reçoit et leur fait mes compliments à la porte. Dans tout ce que je fais, j'ai toujours l'air de ne penser qu'au bonheur de mon peuple.

« Dans ma première guerre avec la Reine, j'abandonnais les Français et Prague parce que je gagnais la Silésie. Vous ne ferez pas mal d'avoir des racoleurs et des serruriers politiques. Ils pourront vous être d'une grande utilité. Je connais tous les avantages qu'on peut en tirer, etc. »

C'est la méthode de l'espionnage, dont il a été un des grands maîtres et qui lui a si bien réussi, surtout en Saxe.

Ces quelques passages de son *Art de régner* prouvent jusqu'à quel point Frédéric « le Grand » poussait le cynisme, le machiavélisme, l'hypocrisie et la comédie.

Dans son *Histoire de la Guerre de Sept ans*, il dit : « Veuille le Ciel, au cas que la Prusse abaisse ses regards sur les misères humaines, que le destin inaltérable et florissant de cet État mette ses souverains, qui le gouvernent, à l'abri des fléaux et des calamités dont la Prusse a souffert dans ces temps de subversions et de troubles. Qu'ils ne soient jamais forcés de recourir aux remèdes violents et funestes dont on a été obligé de se servir pour soutenir l'État contre la haine ambitieuse des souverains de l'Europe qui voulaient anéantir la Maison de Brandebourg et exterminer, à jamais, jusqu'à tout ce qui portait le nom prussien. — Berlin, 27 décembre 1763. »

INDEX ALPHABÉTIQUE

TABLE DES MATIÈRES

PREMIÈRE PARTIE

DEUXIÈME PARTIE

NANCY-PARIS, IMPRIMERIE BERGER-LEVRAULT

NANCY-PARIS, IMPRIMERIE BERGER-LEVRAULT

www.ingramcontent.com/pod-product-compliance
Ingram Content Group UK Ltd.
Pitfield, Milton Keynes, MK11 3LW, UK
UKHW020449200726
13857UKWH00002B/630

9 782012 869714